GURUS DA ADMINISTRAÇÃO

OS PENSADORES INDIANOS E AS MELHORES IDEIAS
EM INOVAÇÃO, GESTÃO, ESTRATÉGIA E LIDERANÇA

C887g Crainer, Stuart.
         Gurus da administração : os pensadores indianos e as
       melhores ideias em inovação, gestão, estratégia e liderança /
       Stuart Crainer, Des Dearlove ; tradução: Laura Barcelos
       Martins. – Porto Alegre : Bookman, 2015.
         viii, 176 p. ; 21 cm. – (Série Thinkers50)

         ISBN 978-85-8260-351-2

         1. Administração – Estratégia. 2. Gestão – Liderança. I.
       Dearlove, Des. II. Título. III. Série

                                                      CDU 658.3

Catalogação na publicação: Poliana Sanchez de Araujo – CRB 10/2094

GURUS DA ADMINISTRAÇÃO

OS PENSADORES INDIANOS E AS MELHORES IDEIAS
EM INOVAÇÃO, GESTÃO, ESTRATÉGIA E LIDERANÇA

STUART CRAINER + DES DEARLOVE

Tradução:
Laura Barcelos Martins

2015

Obra originalmente publicada sob o título
Business Thought Leaders from India: The Best Ideas on Innovation, Management, Strategy, and Leadership
ISBN 978-0-07-182756-0/ 0-07-182756-0

Edição original em língua inglesa copyright ©2014, The McGraw-Hill Global Education Holdings, LLC, New York, New York 10020. Todos os direitos reservados.
Edição em língua portuguesa copyright ©2015, Bookman Companhia Editora Ltda., uma empresa do Grupo A Educação S.A. Todos os direitos reservados.

Gerente editorial: *Arysinha Jacques Affonso*

Colaboraram nesta edição:

Editora: *Mariana Belloli*

Preparação de originais: *Miriam Cristina Machado*

Leitura final: *Gabriela Dal Bosco Sitta*

Capa: *Maurício Pamplona*

Editoração eletrônica: *Techbooks*

Reservados todos os direitos de publicação, em língua portuguesa, à
BOOKMAN EDITORA LTDA., uma empresa do GRUPO A EDUCAÇÃO S.A.
Av. Jerônimo de Ornelas, 670 – Santana
90040-340 – Porto Alegre – RS
Fone: (51) 3027-7000   Fax: (51) 3027-7070

É proibida a duplicação ou reprodução deste volume, no todo ou em parte, sob quaisquer formas ou por quaisquer meios (eletrônico, mecânico, gravação, fotocópia, distribuição na Web e outros), sem permissão expressa da Editora.

Unidade São Paulo
Av. Embaixador Macedo Soares, 10.735 – Pavilhão 5 – Cond. Espace Center
Vila Anastácio – 05095-035 – São Paulo – SP
Fone: (11) 3665-1100   Fax: (11) 3667-1333

SAC 0800 703-3444 – www.grupoa.com.br

IMPRESSO NO BRASIL
PRINTED IN BRAZIL

Sumário

	Introdução	vii
CAPÍTULO 1	A ascensão do pensamento indiano	1
CAPÍTULO 2	O legado de Ghoshal	15
CAPÍTULO 3	O princípio da base da pirâmide: C. K. Prahalad	27
CAPÍTULO 4	Fazendo acontecer: Ram Charan e Subir Chowdhury	49
CAPÍTULO 5	Inovação ao estilo indiano: De VG a *Jugaad*	73
CAPÍTULO 6	Vozes globais: Pankaj Ghemawat e Anil K. Gupta	97
CAPÍTULO 7	Índia S/A	117
CAPÍTULO 8	Os reis do contexto	133
CAPÍTULO 9	Pensando no trabalho	155

Índice	165
Agradecimentos	171
Os autores	173
Thinkers50	175

Introdução

> Esta é a Índia: terra de sonhos e romances, de grande riqueza e grande pobreza, de luxos e trapos, de palácios e casebres, de fome e pestes, de gênios, gigantes e lâmpadas do Aladim, de tigres e elefantes, da naja e da selva, o país de mil nações e centenas de línguas, de mil religiões e dois milhões de deuses, o berço da raça humana, a origem da linguagem, a mãe da história, a avó das lendas, a bisavó das tradições...
>
> Mark Twain, *Seguindo o Equador*, 1897

A Índia é um enigma envolto em mistérios antigos, uma potência econômica moderna e de crescimento rápido com problemas perenes e arraigados, uma história de sucesso aliado à tragédia.

Sua magnitude é sua característica mais marcante. O país, com um total de 28 estados e sete territórios da união, é o segundo mais populoso do mundo, com um registro de 1.210.193.422 pessoas no censo nacional de 2011. Um único estado, Uttar Pradesh, tem uma população maior do que o Brasil, o sexto país mais populoso do mundo.

E, então, há cor e confusão.

Nos últimos anos, acompanhamos a ascensão econômica dessa grande nação, bem como os desafios ainda presentes, e tivemos a sorte de conhecer alguns dos pensadores mais interessantes do país. Eles transmitiram seus conhecimentos e mudaram nossas percepções sobre a Índia, a gestão e a vida de maneira geral.

A Índia revigora, e o mesmo pode-se dizer dos pensadores cujo trabalho destacamos aqui no Thinkers50.

Des Dearlove e Stuart Crainer
Fundadores do Thinkers50

CAPÍTULO 1

A ascensão do pensamento indiano

Nos últimos 100 anos, o exclusivo campo do pensamento em administração tem sido domínio americano. Desde Frederick Taylor e seu cronômetro, no início do século XX, até a geração moderna de gurus, os americanos têm monopolizado a sabedoria empresarial. Até mesmo a breve atenção dada às práticas empresariais japonesas, no início dos anos 1980, foi incentivada intelectualmente por pensadores americanos como W. Edwards Deming e Richard Pascale.

Agora, não é mais assim. Uma nova geração de pensadores e ideias está emergindo da Índia e de outros lugares. Os grandes gurus da administração hoje incluem C. K. Prahalad, coautor do *best-seller Competing for the Future*; o *coach* executivo Ram Charan; o ganhador do prêmio Nobel de Economia Amartya Sen;

2 Gurus da administração

Vijay Govindarajan, professor de administração internacional na Tuck School of Business da Dartmouth College; Sumantra Ghoshal da London Business School, além de muitos outros.

Os pensadores indianos agora fazem parte da corrente principal do pensamento em administração.

"De modo geral, esses pensadores são imigrantes de primeira geração no Ocidente. A maioria já passou por experiências em empresas indianas normalmente caóticas", diz o Dr. Gita Piramal, fundador da revista indiana de administração *The Smart Manager*. "Alguns, como Sumantra, trabalharam no setor público. C.K. trabalhou em uma fábrica de baterias da Union Carbide, em Chennai, e também em uma empresa de fabricação de pistões. Ram Charan nasceu e foi criado em uma família numerosa que tinha uma loja de calçados. Todos foram embora da Índia e muitos têm conexão com Harvard".* Na verdade, até o atual reitor da Harvard Business School, Nitin Nohria, é indiano.

E certamente outros vão seguir o mesmo caminho. Os programas de MBA do mundo inteiro estão recebendo cada vez mais alunos indianos. Não é apenas um fenômeno americano. Da última vez que conferimos, a maior parte dos estudantes da faculdade de administração INSEAD da França era indiana; e o mesmo se aplica a muitas outras faculdades de administração do mundo.

"Deus não faz distinção de inteligência entre países. Mas, se você diz que 20% da população é inteligente, isso equivale a 200 milhões de indianos inteligentes, e de fato é muito capital humano", observa Vijay Govindarajan, da Tuck School of Business. "Ao mesmo tempo, não há dúvidas de que os indianos tiveram uma influência desproporcional na prática e no pensamento da administração. Eles representam uma porcentagem ínfima na população dos Estados Unidos – menos de 1% –, mas

---

* Todas as citações foram retiradas de nossas entrevistas, salvo indicação contrária.

são bastante representativos nas faculdades de administração. Lembro que, quando consegui o emprego na Tuck há 20 anos, era o primeiro indiano membro do corpo docente. Agora é comum que 20% dos integrantes da faculdade tenham alguma descendência ou conexões indianas."

O caminho até o topo

Vijay Govindarajan explica os motivos pelos quais os pensadores indianos passaram a ocupar posições de influência: "Assim como outros imigrantes de primeira geração, tínhamos uma necessidade enorme de ser bem-sucedidos. Para nós, não havia uma rede de segurança. Mas há outros elementos ligados a isso: os indianos possuem uma forte ética profissional, falam inglês e são tradicionalmente influenciados pela educação e pelas instituições educacionais americanas. Além disso, são talentosos em pensamentos e análises conceituais. Outra característica bastante importante é nossa paciência – uma grande virtude na área do ensino". Govindarajan formou-se em contabilidade na Índia, depois ganhou uma bolsa da Ford Foundation para Harvard e agora, além de ser um autor prolífico, é também um dos palestrantes mais bem pagos do momento.

Professor da London Business School e agora diretor de estratégia na Tata, Nirmalya Kumar oferece outra perspectiva. "A administração é uma área muito respeitada na Índia, pois, até a reforma de 1990, era a única alternativa para uma vida decente sem seguir carreira médica. Assim, o grupo talentoso que saiu da Índia para fazer doutorado em administração nos Estados Unidos era excelente. Deixar a Índia, depois de terminar os cursos nas melhores faculdades de tecnologia, passou a ser a opção favorita. Alguns dos PhDs daquela época são os gurus de hoje."

A ambição pessoal é uma força motriz poderosa, mas não explica por que os pensadores indianos se tornaram tão influentes entre o público ocidental interessado em administração. Posição e influência nem sempre são sinônimos. Uma coisa é ser professor em Harvard, outra é ter influência entre os CEOs listados na *Fortune 100*. Ram Charan, por exemplo, era amigo muito próximo de Jack Welch quando ele dirigia a GE e é coautor de *Execution: The Discipline of Getting Things Done*, escrito com Larry Bossidy. C. K. Prahalad ficou em primeiro lugar no Thinkers50 em 2007 e 2009, o que foi notícia de primeira página no jornal *The Times of India*. Sumantra Ghoshal, em coautoria com Chris Bartlett, de Harvard, escreveu *Managing Across Borders: The Transnational Solution*, que foi listado no *Financial Times* como um dos 50 livros de administração mais influentes do século. E a lista continua.

O que essa abundância de ideias significa?

Uma escola indiana de administração?

O desenvolvimento de uma escola indiana de administração seria a conclusão mais óbvia, mas isso tende a ser descartado pelos pensadores indianos. Não há um modo de pensar exclusivamente indiano.

Entretanto, a influência cada vez maior desses pensadores coincide com um período de reflexão sobre a natureza e a finalidade do capitalismo ocidental. Depois da Enron e da crise financeira de 2008, houve uma desilusão com o modelo individualista, uma sensação de que as corporações dos Estados Unidos têm sido um solo fértil para executivos cujo ego e cuja ganância pessoal ofuscaram o senso de dever público. O pensamento indiano foca exatamente nesse debate. A cultura coletivista da Índia oferece uma antítese ao individualismo desenfreado dos americanos. Entre os pensadores indianos, há um forte senso de obrigações éticas e sociais do capitalismo – visto no livro mais inovador de C. K. Prahalad, *The Fortune at the Bottom of the Pyramid**, o qual defende uma nova abordagem que considere os micromercados entre os pobres do mundo.

The Future of Competition, livro publicado em 2004 com coautoria de Prahalad, também analisa como o equilíbrio de poder entre ricos e pobres está mudando. A ideia central do livro é direcionar o debate de uma visão de valor centralizada em empresas e produtos, vigente por mais de 75 anos, a uma visão de valor baseada na cocriação de experiências únicas e personalizadas.

A importância do senso de responsabilidade no modo como os indianos compreendem o capitalismo ficou clara quando conversamos com Ravi Kant, presidente da Tata Motors na época. O Tata Group foi fundado em 1868 por Jamsetji Nusserwanji Tata, que, com seus dois filhos, criou dois fundos públicos de caridade, doando a eles todas as ações. Hoje, os fundos controlam quase dois terços da Tata Sons, a *holding* que supervisiona mais de 100 empresas Tata em mais de 80 países.

"Cada empresa tem seu próprio conselho administrativo, assim como suas estratégias. No entanto, todas estão ligadas ao grupo Tata por seguirem certos valores e processos. Ratan Tata, presidente do grupo, e sua família possuem apenas uma pequena porcentagem de ações, então há uma noção de curadoria, em vez de propriedade, em todas as empresas. Ratan Tata dirige o Tata Group como gestor desses fundos e não como proprietário, e essa visão permeia todos os níveis de gestão da empresa", explica Ravi Kant. "Essa é uma das características do modo como gerenciamos". Outra delas é fruto de uma decisão tomada ao montar as empresas, quando o fundador teve a ideia descentralizadora de devolver à sociedade tudo que vem dela.

---

* N. de E.: Publicado em língua portuguesa pela Bookman Editora sob o título *A Riqueza na Base da Pirâmide*, 2010.

Para isso, tudo que é recebido da sociedade é mantido em um fundo para depois ser devolvido.

"Portanto, Ratan Tata tem uma cultura ou filosofia diferenciada que abrange todo o grupo, resultando em uma gestão corporativa ainda melhor. Nessa abordagem, há valores éticos, diferentes maneiras de fazer as coisas e mais preocupação com a sociedade. Há um grande interesse pelas pessoas e coisas externas às nossas empresas. Os valores e a cultura do grupo são únicos."

Conciliação indiana

A capacidade de conciliar perspectivas e experiências conflitantes é um aspecto importante da cultura indiana. Isso se reflete na forma como os indianos gerenciam e lideram.

"Muitos indianos que crescem nos Estados Unidos percebem uma inconsistência ou incoerência na vida moderna, o que, para os nascidos na Índia – como meus pais –, é bastante difícil de assimilar", diz Rakesh Khurana da Harvard Business School. "De alguma forma, parece que você precisa ser íntegro e generoso na sua vida privada, mas não no trabalho, onde não é preciso ser a mesma pessoa. Esse tipo de fragmentação ou inconsistência do papel social era visto negativamente. É preciso encontrar uma maneira de conciliar quem você é na vida privada com quem você é na vida pública e no trabalho. É preciso encontrar um papel que crie integridade. Na Índia, as pessoas também estão lidando com a questão de como conciliar a tradição, em que há muitos significados e simbolismos incutidos na vida cotidiana, familiar e comunitária, com a necessidade de obter as vantagens e a realização individual da sociedade moderna."

Khurana destaca a fusão encontrada no estilo musical Bhangra – uma combinação da dança moderna com a música tradicional – e as questões levantadas na literatura por autores indianos, como o ganhador do Prêmio Nobel V. S. Naipaul e Arundhati Roy. "As pessoas estão tentando conciliar as vantagens da modernidade e os significados associados a estruturas tradicionais como a família. O número de pessoas insatisfeitas com os atuais mercados em que 'o vencedor leva tudo' e em que o valor pessoal é medido pelo tamanho de suas contas bancárias tem aumentado. Outra questão importante é como aproveitar as vantagens da modernidade sem ter um índice de divórcio de 50%."

Essas questões são a essência da prática e do pensamento indiano em administração. Isso não significa que os pensadores indianos têm visões negativas sobre o mundo empresarial do Ocidente. Na verdade, eles costumam elogiar com entusiasmo as oportunidades oferecidas. Mas desenvolvem um ponto de vista único, uma combinação do melhor dos dois mundos.

Aprendizado bidirecional

O aumento da prosperidade econômica indiana trouxe novos questionamentos às melhores práticas ocidentais. A grande quantidade de ideias novas produzidas na Índia está desafiando e reformulando o pensamento atual. Os pensadores com experiências e sensibilidades indianas estão capacitados para colocar essas novidades em prática.

Pode-se perceber que a corrente de conhecimento de fato mudou. Tradicionalmente, os empresários indianos adquiriam seus conhecimentos nas faculdades de administração dos Estados Unidos. Hoje o caminho é bidirecional. No passado, achava-se que outros mercados emergentes poderiam aprender com a Índia; agora já se reconhece que as empresas e os executivos do Ocidente também podem aprender com esse país.

Os principais pensadores indianos ainda possuem uma forte relação com seu país natal. O falecido Sumantra Ghoshal, por exemplo, foi o fundador da Indian School of Business, em Hyderabad. C. K. Prahalad nunca abandonou sua origem indiana. Ele chamou a atenção para os 4 bilhões de consumidores mais pobres do mundo que aspiram a uma vida melhor e exigem mais bens e serviços. Nas palavras de Prahalad, "tal situação é uma ótima oportunidade para as empresas mudarem sua mentalidade e seus modelos de negócios (por exemplo, 'o pobre não pode pagar ou não tem uso para produtos de consumo' ou 'não vamos lucrar neste mercado'). A verdadeira fonte do mercado não são os poucos ricos dos países emergentes ou os consumidores que estão ascendendo à classe média; mas, sim, os bilhões de pobres que estão começando a fazer parte da economia de mercado pela primeira vez."

O pensamento indiano desafia as práticas gerenciais existentes e a sabedoria convencional. "Muitas empresas americanas afirmam que expandiram mundialmente quando, na verdade, são apenas internacionais, e não globais. Elas estão começando a perceber que os Estados Unidos não são o centro do mundo. As empresas americanas costumam desenvolver produtos para o seu próprio mercado e tentam exportá-los para outros. Esse pensamento está cada vez mais obsoleto. Para conquistar mercados como a Índia é preciso um pensamento mais sofisticado", diz Vijay Govindarajan.

Uma viagem à Índia

A nova geração de pensadores desafia o conceito convencional de globalização, que se restringe à tríade Estados Unidos-Europa-Ásia (esta última, basicamente, o Japão). A Índia costumava ser vista como um infeliz pigmeu econômico, caminhando lentamente para o desenvolvimento. Agora os pensadores indianos – como Pankaj Ghemawat – estão ajudando os executivos a enxergar a globalização em sua totalidade.

"Há uma predisposição e uma percepção muito maiores de que os centros econômicos do futuro podem ser outros que não o eixo tradicional Europa Ocidental e América do Norte", observa Rakesh Khurana.

Vijay Govindarajan acrescenta: "Os Estados Unidos e a Europa são mercados saturados e altamente competitivos. Na China e na Índia, ainda há territórios intocados. Esses países precisam ser levados a sério como mercados e fontes de ideias e inovação."

O radar agora abrange limites que vão além dos Estados Unidos, e isso representa um importante desenvolvimento. O diferencial dos gurus indianos talvez seja o fato de não considerarem automaticamente os Estados Unidos o centro do mundo comercial. Eles oferecem novas perspectivas sobre globalização, valor do acionista, e até mesmo sobre o propósito da gestão. Assim, percebem questões que os americanos às vezes não enxergam.

Como Sumantra Ghoshal observou: "Está surgindo uma filosofia de gestão diferente que vai ser dominante em um futuro próximo – propósito, processo e filosofia de pessoas. Estamos indo além da estratégia para chegar ao propósito, além da estrutura para chegar ao processo, e além dos sistemas para chegar às pessoas. Isso vai mudar a doutrina básica do capitalismo acionista e moderá-la, de modo que, se as pessoas estiverem acrescentando maior valor à empresa, serão vistas cada vez mais como investidoras, e não como funcionárias. Os acionistas investem seu dinheiro e esperam retorno, assim como esperam crescimento de capital. As pessoas serão vistas da mesma forma. Elas vão investir seu capital humano na empresa e esperar um retorno, bem como um crescimento desse capital."

O legado de Ghoshal permanece vivo. Foi mentor de Nitin Nohria, com quem escreveu várias obras, e inspirou seus alunos a seguir uma visão mais holística de gestão e liderança e a analisar a forma como essa percepção está ligada à sociedade de modo geral. "Nitin e eu fomos coautores de artigos sobre a gestão como profissão", diz Rakesh Khurana. "Profissão não somente no sentido técnico, mas em um sentido normativo que considere aspectos como responsabilidade e respeito mútuo entre os vários elementos dos empreendimentos comerciais, como funcionários, clientes e prestação de contas. Ideias inspiradas em discussões com Sumantra."

Lidando com a ambiguidade

Os gestores indianos que encontramos e com quem trabalhamos sabem muito bem lidar com os desafios da nossa época. Para eles, a incerteza é um fato da vida.

Conversamos sobre isso com Kiron Ravindran, professor na IE Business School, na Espanha:

> Cresci no Oriente Médio, morei na Índia, estudei e morei nos Estados Unidos por oito anos e agora estou há quatro na Europa. Conheci muitas pessoas, o que me ajudou a lidar com diversos tipos de indivíduos, com diferentes experiências de vida e perspectivas de mundo.
>
> A falta de diferentes perspectivas sobre o mundo acaba se tornando um desafio para quem tenta lidar com a complexidade. Quando se cresce na Índia, escuta-se três línguas diferentes; assiste-se a filmes em vários idiomas. Então, enquanto as pessoas do mundo ocidental falam sobre introduzir diversidade, as do Oriente a veem como algo que não se introduz, pois ela faz parte do seu cotidiano.

Pense nisto. Em sua casa, você cresce orando para vários deuses, e esses deuses têm as suas próprias peculiaridades. O fato de você ter crescido em meio à ambiguidade, e não apenas à diversidade, e em meio a várias versões de verdades, permite que você lide com os muitos obstáculos que aparecem pelo caminho. Tudo isso é desafiador para as pessoas oriundas de sociedades em que muitas dessas coisas são regulamentadas, pessoas que não esperam que algo diferente aconteça com elas. Se você cresce na Índia, qualquer coisa pode acontecer o tempo todo! Às vezes, de tanto lidar com as dificuldades, você acaba descobrindo como prevê-las.

Nirmalya Kumar explica isso da seguinte maneira: "A maioria dos indianos consegue conviver com mundos e ideias aparentemente contraditórios. Talvez seja isso que dê a eles uma vantagem competitiva para viver e prosperar em um mundo de diversidade religiosa, cultural e étnica."

E, de fato, prosperam.

Ninguém melhor que C. K. Prahalad, falecido em 2010, para nos dar um panorama mais abrangente sobre esse assunto. Em uma de nossas entrevistas, ele nos disse o que pensava sobre a ascensão da Índia:

> Há um velho ditado, acho que originalmente conhecido na Índia e agora em outros lugares também: é como se cinco cegos estivessem tocando um elefante e cada um tivesse uma percepção diferente do animal. A Índia é mais ou menos assim. Se você me perguntar se se trata de um país já desenvolvido, diria que sim, considerando a Infosys e a Wipro. Suas tecnologias, seus princípios de gestão, seu alcance

global, suas habilidades para atrair talentos, suas capacidades de inovação as tornam tão boas quanto qualquer outra empresa do mundo. Por outro lado, há tanta privação e pobreza para 150 milhões de pessoas que parece ser a pior parte do planeta. Não importa como a caracterize, mas se colocar um rótulo nela, ele provavelmente vai estar errado.

Mas eu poderia dizer que, nos últimos 10 anos, a Índia fez duas coisas muito bem. Uma delas foi construir algumas capacitações globais, primeiro no próprio país e depois mundialmente, com as indústrias de TI, farmacêuticas, de componentes automobilísticos, de corte de diamante e assim por diante.

A outra foi proporcionar um alto nível de ambição para sua população, tanto para os pobres quanto para os ricos. Os ricos e os cultos podem aspirar a ser de classe mundial, e os pobres podem aspirar a que seus filhos tenham educação suficiente para sair da pobreza. Portanto, há um grande foco na educação. O governo finalmente se convenceu, embora isso seja muito difícil de implementar, de que a Índia deve se tornar parte integrante do comércio global. Ela não pode permanecer isolacionista.

Então, acredito que isso vai colocar a Índia no caminho certo. Em uma coligação bastante complicada, com o governo no centro, a Índia vai dar um passo para a frente, meio passo para trás, um quarto de passo para o lado. A transição nunca será fácil, e não devemos esperar por isso, mas estou extremamente confiante em relação à direção que o país está seguindo.

A Índia progrediu muito em um tempo relativamente curto. Enquanto escrevemos, o país já é a terceira maior economia do mundo, e os últimos acabamentos estão sendo feitos no edifício World One, em Mumbai, que será o arranha-céu residencial mais alto do mundo. O edifício de $ 400 milhões e 117 andares utilizou cerca de 250 mil metros cúbicos de concreto; conta com aproximadamente 300 apartamentos e um estacionamento de 17 andares.

Tais conquistas seriam impensáveis há 20 anos. O desafio é aplicar a mesma ambição e a mesma engenhosidade na resolução dos problemas sociais mais gerais. De acordo com as avaliações do Banco Mundial, em 2010, 29,8% da população indiana estava abaixo da linha de pobreza nacional, o que representa uma melhora significativa em relação aos 45,3% de 1994.

Ainda há muito trabalho a ser feito, e os pensadores que destacamos neste livro certamente vão desempenhar um papel decisivo na formulação de ideias, políticas e estratégias para lidar com essas questões fundamentais.

CAPÍTULO 2

O legado de Ghoshal

Com uma aparência de estrela de cinema, olhos penetrantes, intensidade aquilina e genialidade intelectual, Sumantra Ghoshal (1948-2004) era uma figura intimidante. Ele ocupou a Cadeira Robert P. Bauman em liderança estratégica na London Business School, foi professor na INSEAD e na Sloan School of Management, no MIT, e ainda fundou a Indian School of Business, em Hyderabad.

Ghoshal era mais conhecido por seu trabalho com Christopher Bartlett, da Harvard Business School. *Managing Across Borders: The Transnational Solution,* publicado em 1988, tornou-se um livro extremamente influente. Nele, Bartlett e Ghoshal argumentam que as empresas multinacionais de diferentes regiões do mundo têm suas próprias heranças de gestão, cada qual com uma fonte diferente de vantagem competitiva.

A primeira forma de multinacional identificada por eles é a empresa multinacional ou multidoméstica. Seu ponto forte é um alto nível de capacidade de resposta local. Ela é uma federação descentralizada de empresas locais (como a Unilever ou a Philips) conectadas por uma rede de controladores (expatriados da empresa do país de origem que ocupam posições-chave no exterior).

A segunda é a empresa global, representada por empresas norte-americanas, como a Ford no século XX, e empresas japonesas, como a Matsushita. Seus pontos fortes são as eficiências em escala e as vantagens de custo. As instalações de escala global, muitas vezes centralizadas no país de origem, desenvolvem produtos padronizados, enquanto as operações no exterior são consideradas meios de entrega para chegar até as oportunidades do mercado global. Há um rígido controle das decisões estratégicas, recursos e informações pelo centro global.

A empresa internacional é o terceiro tipo. A sua força competitiva é sua capacidade de transferir conhecimento e experiência para ambientes estrangeiros menos avançados. É uma federação coordenada de empresas locais, controlada por sofisticados sistemas de gestão e equipes corporativas. A atitude da empresa-mãe tende a ser provinciana, promovida por quem tem mais conhecimento no centro.

Barthlett e Ghoshal argumentam que a competição global estava forçando muitas dessas empresas a se adaptarem a um quarto modelo, chamado de *transnacional*. Esse tipo de empresa precisa combinar capacidade de resposta local com eficiência global e capacidade de transferir um conhecimento melhor, mais barato e mais rápido.

Eles descrevem a empresa transnacional como uma rede de unidades especializadas ou diferenciadas, com especial atenção à gestão de vínculos de integração entre as empresas locais, bem como com o centro. A subsidiária torna-se um bem distinto, em vez de apenas um ramo da empresa-mãe. A fabricação e o desenvolvimento de tecnologia estão localizados onde é mais adequado, mas há uma preocupação explícita em aumentar o conhecimento local para explorar oportunidades em todo o mundo.

Novas realidades

O livro *The Individualized Corporation*, de Ghoshal e Bartlett, publicado em 1997, consolidou o lugar dessses autores entre os pensadores mais influentes do mundo e previu o surgimento de um novo modelo empresarial baseado em propósito, pessoas e processos.

O trabalho de Ghoshal deixou de enfatizar o distanciamento da estratégia e passou a se ater na complexidade das pessoas. Enquanto o livro *Managing Across Borders* estava preocupado em preencher a lacuna existente entre as estratégias e as empresas, o *The Individualized Corporation* passou da elegância da estratégia para a confusão da humanidade.

Mais tarde em sua carreira, Ghoshal colaborou com o professor Heike Bruch da University of St. Gallen, na Suíça, para analisar a forma como os gestores mais eficazes criam determinação organizacional por meio de "ação intencional". O seu livro *Bias for Action* foi publicado em 2004.

Ghoshal era rigoroso intelectualmente, mas disposto a assumir uma posição e ter um papel mais ativo no debate. A nova realidade empresarial descrita por ele é severa: "Não é possível gerenciar estratégias de terceira geração em empresas de segunda geração com gestores de primeira", observou. Apesar dessa crítica condenatória da realidade corporativa, Ghoshal não era totalmente pessimista. "Observe como é hoje e compare com o que era anos atrás. A qualidade das discussões e dos debates estratégicos melhorou de maneira vertiginosa", afirmou. "As estratégias da terceira geração são sofisticadas e multidimensionais. O problema está nos próprios gestores, pois eles são guiados por um modelo anterior. O verdadeiro desafio é desenvolver e fazer os gestores trabalharem no novo modelo de empresa."

Conversamos com Sumantra Ghoshal em 2003.

O seu trabalho prevê grandes alterações na forma como as empresas se organizam e organizam seus recursos. Isso muda o modo como entendemos gestão?

A filosofia dominante seguida pela administração nos últimos 50 anos é baseada na ideia de que uma empresa é unicamente uma entidade econômica. Sua ideia principal é que gestão significa aproveitar o recurso escasso e que o recurso escasso é o capital. Foi criada toda uma doutrina de gestão baseada nesse princípio.

Essa premissa tem levado a uma filosofia empresarial baseada em estratégia, estrutura e sistemas. O trabalho do líder é fazer a estratégia dar certo e projetar a estrutura correta – e unir a estratégia com a estrutura por meio de sistemas altamente definidos para oferecer desempenho. Tal filosofia basicamente foi desenvolvida por Alfred Sloan a partir de seus experimentos na General Motors, mas não é mais apropriada.

O que mudou?

Nos últimos anos, temos notado que o capital financeiro deixou de ser um recurso escasso. Temos visto trilhões de dólares buscando o que realmente é o recurso escasso hoje: as ideias, o conhecimento, o empreendedorismo e o capital humano; e isso tende a aumentar nos próximos 50 anos.

Essa substituição do capital financeiro pelo capital humano como recurso escasso tem grandes implicações. A principal filosofia de gestão – a doutrina de estratégia, sistemas e estrutura – está falida, pois é projetada para maximizar os retornos de capital financeiro e gerenciá-lo. Não é possível gerenciar talento e pessoas – se essa for a origem da vantagem competitiva – com tal filosofia.

O que vai substituir essa filosofia?
Está surgindo uma filosofia de gestão diferente que vai se tornar dominante em um futuro próximo – o que chamamos de propósito, processo e filosofia de pessoas.

Estamos indo além da estratégia para chegar ao propósito, além da estrutura para chegar ao processo e além dos sistemas para chegar às pessoas. Tudo isso aconteceu para que a empresa possa atrair, manter e aproveitar esse talento. Portanto, a filosofia empresarial vai mudar.

Isso muda a natureza do capitalismo?
Acredito que vai mudar a doutrina básica do capitalismo acionista e moderá-la, de modo que, se as pessoas estiverem acrescentando maior valor à empresa, serão vistas cada vez mais como investidoras, e não como funcionárias. Os acionistas investem seu dinheiro e esperam retorno, assim como esperam crescimento de capital. As pessoas serão vistas da mes-

ma forma. Elas vão investir seu capital humano na empresa e esperar um retorno, bem como um crescimento desse capital.

O que isso significa para os acionistas?

A noção de que o valor é distribuído aos acionistas terá de mudar para poder acomodar essa mudança na fonte da criação de valor. Será um modelo de distribuição bastante diferente que vai predominar nos próximos 50 anos.

Isso parece promissor na teoria, mas as empresas realmente mudaram o modo como enxergam seus funcionários?

Os funcionários costumavam ser vistos como um custo para a empresa. A otimização de custo foi o que levou as empresas a enxergar as pessoas dessa maneira, e ainda é assim em algumas. Mas isso já está mudando, e as pessoas estão sendo consideradas recursos estratégicos e não mais custos. A empresa tem uma visão ou estratégia, e as pessoas são um recurso estratégico essencial. Então, como podemos padronizar o recurso estratégico para atingir nosso objetivo, alcançar nossa estratégia? Ao mesmo tempo, está surgindo uma perspectiva ainda mais radical sobre a relação entre empresas e funcionários, que vê as pessoas como investidoras voluntárias. Com essa perspectiva, os funcionários é que vão estar no centro da relação. Serão responsáveis pelo desenvolvimento e pelo remanejamento do capital humano, bem como pelo desempenho da empresa, que vai desempenhar um papel secundário.

E quanto aos funcionários? O que isso muda no modo como enxergamos nosso trabalho?

Isso resulta em mudanças individuais. Cada funcionário é responsável por sua própria vida, e é nisso que se encaixa a ideia das pessoas como investidoras voluntárias. Elas escolhem investir seu capital humano: seus conhecimentos, seus relacionamentos e suas capacidades de ação. Portanto, esperam retorno por isso, o que, na verdade, é um retorno de divisão do valor criado pelo seu capital humano. Elas também esperam um retorno para o crescimento do capital humano em si – chame de noção de empregabilidade ou do que for –, de modo que ele cresça de forma contínua, como ocorria com o capital financeiro no passado.

Como essa mudança pode se refletir nas tarefas diárias de gestão?

Historicamente, há um viés cognitivo no pensamento sobre gestão e no modo como ele se manifestou. Você fala sobre habilidades, nós falamos sobre conhecimento: o que você sabe? As pessoas eram consideradas uma peça do capital intelectual.

Agora estamos percebendo a importância de outros dois elementos do capital humano. Um deles é o capital social: a capacidade dos indivíduos de construir e manter relações interpessoais duradouras com base na confiança e na reciprocidade. Sempre soubemos que as relações são importantes no mundo dos negócios, mas, de alguma forma, isso não tem sido considerado de maneira explícita. A pesquisa tem nos mostrado, cada vez mais, que um dos melhores indicadores de maior desempenho, além do conhecimento, é essa capacidade de desenvolver relações e mantê-las. Isso vai se tornar o ponto principal. Assim, as pessoas vão passar a enxergar essa habilidade como um recurso estratégico, e as empresas, por sua vez, vão entender e tentar desenvolver essa ideia.

E o outro elemento do capital humano?

Trata-se da capacidade de agir. As empresas ainda reclamam que a grande maioria dos gestores não sabe muito bem o que precisa fazer; mas saber fazer é uma coisa, fazer de fato é outra bem diferente. Assim, a capacidade de agir é outra habilidade que está se tornando proeminente.

Estamos falando sobre a capacidade de agir, de ter energia para agir, de desenvolver e manter o foco, mesmo com todos os eventos distrativos inerentes ao gerenciamento. Você pode chamar essa capacidade de capital emocional, se quiser. Para resumir: historicamente, temos visto o capital intelectual como o recurso essencial que é, mas a tendência é reconhecermos cada vez mais a importância do capital social e emocional – desenvolvimento e gestão de relacionamentos e capacidade de agir – como os novos elementos essenciais da competência necessária para os gestores.

Quais os desafios que isso apresenta às empresas?

No momento em que reconhecemos que o recurso de agregação de valor são as pessoas, isso afeta tudo, incluindo o modo como atraímos o melhor talento para o nosso contexto. O talento não precisa, necessariamente, estar entre os graduados da Harvard Business School ou de outras instituições de elite. Então, como identificamos e atraímos os melhores talentos? E como convertemos intelectos individuais em intelectos coletivos? Como unimos talentos de modo que as habilidades e o conhecimento de diferentes pessoas possam criar um novo conhecimento? Como os unimos à empresa?

De que maneira alinhamos as pessoas como investidores voluntários e suas ambições pessoais com as metas e os propósitos gerais da empresa? Acumulando, orientando e unindo talentos – o que vai diretamente de encontro às noções de recrutamento, treinamento, desenvolvimento, gestão de carreira e orientação, em todo o espectro de processos de gestão de pessoas. Isso exige diferentes abordagens que vão surgir à medida que o propósito, as pessoas e os processos passarem para a linha de frente.

Isso, por sua vez, muda o relacionamento entre empresa e sociedade?

Bastante. Duas coisas estão se juntando. As pessoas estão reconhecendo que, para alcançar maior desempenho, a estrutura social da empresa é totalmente necessária, até mesmo para os objetivos econômicos. Para maximizar a criação de patrimônio pela empresa, no centro da indústria, com serviços baseados em conhecimento, está a qualidade da estrutura social – a qualidade da estrutura social, os indivíduos, suas funções e as relações que os conectam. Esse é um dos lados.

O outro é uma consciência crescente de que as empresas são as instituições mais importantes da sociedade moderna. Grande parte da riqueza das sociedades é criada e distribuída por elas. As empresas são os atores mais importantes e também os lucros de uma sociedade, tanto econômicos quanto sociais. Assim, elas desempenham um papel extremamente importante na economia moderna. Com esse reconhecimento, a noção amoral de gestão – empresas somente como empresas – aos poucos vai dar lugar à noção de que é necessário alinhar o propósito de uma empresa às aspirações mais amplas daqueles com quem ela está associada. As pessoas de fora e de dentro da estrutura social vão se tornar cada vez mais essenciais, o que já está se tornando realidade.

E no nível mais filosófico? Parece que o debate sobre a globalização está apenas começando.

No nível filosófico, é necessário entender que as empresas precisam ter uma função que esteja além das vantagens pessoais – seja lucros no curto prazo, seja valor do acionista no longo prazo. As empresas precisam entender que, historicamente, sempre que a instituição mais importante da sua época falhou em entender seu papel na sociedade, ela entrou em declínio. Isso aconteceu com a monarquia e com a religião institucional, e acredito que o mesmo vai acontecer com as corporações globais, a menos que seus líderes percebam o papel extremamente importante que desempenham na sociedade moderna e reconheçam, com uma demonstração de legitimidade, a colaboração social como parte integrante de suas estratégias coletivas e individuais. Acredito que essa mudança está começando a acontecer.

A globalização pode ser uma força benéfica?

Algumas pessoas dizem que devemos todos sentar e resolver a questão. Não há necessidade de atirar pedras pelas ruas de Seattle. O fato é que estamos em uma situação paradoxal. O problema para as ONGs e os manifestantes é que, no momento em que começam a trabalhar com empresas para resolver seus problemas, eles perdem sua credibilidade entre seus grupos. Isso é paradoxal. As empresas, quando perdem sua retórica, também estão nessa situação. Precisamos acabar com isso para começarmos um processo.

Ainda há retórica nos dois lados – a retórica do lado das ONGs e do lado dos economistas e CEOs –, mas ela precisa dar lugar ao reconhecimento da necessidade de uma parceria que beneficie a sociedade, para o bem dos próprios negócios no longo prazo. Esse debate já começou. Estou otimista e acredito que, a partir desse confronto direto, surgirá uma parceria econômica, social e moralmente melhor que a que temos visto nos últimos 50 anos entre empresas e sociedade.

CAPÍTULO
3

O princípio da base da pirâmide
C. K. Prahalad

Anil K. Gupta (Capítulo 6) nos contou uma história reveladora. Em 1975, ele ingressou na Harvard Business School para começar seu curso de doutorado. Saiu da Índia e foi para a efervescência acadêmica de Harvard. Quando Gupta chegou, outro jovem acadêmico indiano, C. K. Prahalad, estava deixando Harvard, pois já havia terminado seu doutorado. Em um jantar, tiveram a seguinte conversa:

"Se eu perguntasse quem são os três melhores acadêmicos que estudam estratégia, você saberia me dizer", disse Prahalad. "E qual o nome do CEO da General Motors ou da Procter & Gamble? Você sabe?"

Gupta admitiu que não sabia. Prahalad disse que saber quem são os principais profissionais da área é tão importante quanto saber quem são os principais pensadores. Isso causou uma forte impressão em Gupta. "A partir daquele dia, passei a acompanhar o que estava acontecendo nas revistas, e ler o *Wall Street Journal* todos os dias passou a ser uma obrigação, assim como, se tivesse tempo, ler a *Businessweek*, a *Fortune* e outras publicações. C. K. deixou claro que ler o *Wall Street Journal* é tão essencial quanto ler o *Strategic Management Journal*. Levo isso comigo desde então: amor e respeito pelo mundo acadêmico e o mesmo amor e respeito pelo mundo da prática."

Muitos acadêmicos e profissionais tiveram encontros memoráveis e produtivos com Coimbatore Krishnarao Prahalad. Nascido na cidade de Coimbatore, em Tamil Nadu, Prahalad estudou física na University of Madras (agora Chennai), trabalhou como gestor em um ramo da empresa de baterias Union Carbide e foi para o Indian Institute of Management antes de receber o doutorado (doutor em administração empresarial) de Harvard. Lecionou na Índia e nos Estados Unidos, e acabou ingressando no corpo docente da University of Michigan, na qual recebeu o título de Paul and Ruth McCracken Distinguished University Professor of Strategy na Ross School of Business.

O seu artigo "The Core Competence of the Corporation" (maio–junho, 1990), publicado na *Harvard Business Review*, introduziu o termo *competência central* ao léxico da gestão. Seu livro *Competing for the Future*, escrito em coautoria com Gary Hamel, tornou-se um *best-seller* e definiu o cronograma estratégico de toda uma geração de CEOs.

Em 2004, publicou o livro *The Future of Competition*, em coautoria com Venkat Ramaswamy, no qual introduziu a noção de cocriação, e o *The Fortune at the Bottom of the Pyramid*, no qual afirmou que os mais pobres do mundo (a "base da pirâmide") representavam um valor de mercado inexplorado de até

$ 13 trilhões por ano. Por último, em *The New Age of Innovation*, Prahalad continuou sua jornada intelectual descrevendo um novo cenário competitivo baseado em dois princípios básicos: N = 1 e R = G.

Somos privilegiados por ter conhecido C.K. Sempre e onde quer que o encontrássemos, ele era generoso com seu tempo e suas ideias.

Você cresceu na Índia com mais oito irmãos. Claramente, isso teve influência na pessoa que você é hoje e o ajudou a formar suas ideias. O que essas primeiras experiências lhe ensinaram?

Crescer na Índia é uma preparação extraordinária para o gerenciamento por três motivos. Primeiro, você cresce em grandes famílias, então é preciso sempre fazer concessões; é preciso saber modelar--se. Além disso, a Índia é um país com uma cultura bastante diversa em termos de idiomas, religiões e níveis de renda, então você acaba se ajustando e aprendendo a lidar com a diversidade ainda quando criança.

O segundo é que fui sortudo por ter pais com orientação acadêmica. Meu pai era juiz e um grande estudioso. Desde muito cedo, ele nos disse que só há uma coisa que quanto mais você dá, mais você tem – o conhecimento. E isso acabou ficando na minha cabeça.

Terceiro, na fábrica em Union Carbide, trabalhei com sindicatos comunistas. Precisava definir os preços – era um jovem engenheiro industrial –, e negociá-los com os sindicatos me ensinou muito. São pessoas inteligentes e atenciosas, e se você for justo e honesto, é possível trabalhar com eles de uma maneira interessante. Isso me ensinou a colaborar, ser honesto e justo com esses grupos, e não a considerá-los como inimigos.

Você ficou em primeiro lugar no Thinkers50 em 2007, até então nenhum pensador indiano tinha ganhado. Foi a primeira página do Times of India. *Como se sentiu?*

Em primeiro lugar, diria que qualquer pessoa ficaria feliz em estar nessa posição: se você vai estar nessa lista, é melhor ser o número um. Mas também é uma situação que exige bastante modéstia, pois, como você é o número um, as pessoas acham que sabe as respostas para tudo. É preciso ser humilde para dizer "não, não sei". Assim, acho que me tornei muito mais humilde e, principalmente, muito mais cauteloso sobre as coisas que digo.

Se precisasse escolher um tema presente em todo o seu trabalho, provavelmente seria a cocriação. Você pode explicar o que ela significa e como é desenvolvida no seu livro The New Age of Innovation*?*

A cocriação é uma ideia importante. O que ela afirma é que precisamos de dois solucionadores de problemas trabalhando juntos, e não apenas um. No sistema industrial tradicional, a empresa era o centro do universo, mas quando você avança para a nova era da informação, os consumidores têm a oportunidade de iniciar um diálogo e ter um papel ativo, moldando, assim, suas próprias experiências pessoais. Portanto, com a cocriação, os consumidores podem personalizar suas próprias experiências, e a empresa se beneficia. Isso é cada vez mais comum e possível nos dias de hoje.

Você pode dar um exemplo disso?

Vamos utilizar o Google como exemplo; todo mundo usa essa ferramenta hoje. Se eu observar o Google, ele não me diz como utilizá-lo; posso personalizar minha própria página, posso criar o iGoogle. Eu decido o que quero. O Google é uma plataforma de experiência. Ele entende que pode ter centenas de milhões de consumidores, mas cada um pode fazer com ele o que quiser. Esse é um caso extremo de valor de cocriação personalizado. No novo livro, nossa representação disso é N = 1.

Entretanto, o Google não produz o seu conteúdo. O conteúdo vem de um grande número de pessoas ao redor do mundo: instituições e indivíduos. Ele reúne as informações e as disponibiliza para mim. Esse é o espírito de cocriação, que quer dizer: mesmo que você tenha centenas de milhões de consumidores, cada experiência é diferente, pois ela é criada em conjunto entre o consumidor e a organização, neste caso, o Google. Os recursos não estão mantidos dentro da empresa e podem ser acessados a partir de diversas instituições; portanto, os recursos são globais. Representamos isso com R = G, pois os recursos agora vêm de mais de uma instituição.

N = 1 e R = G serão o padrão no futuro.

No livro, você fala sobre indústrias tradicionais e empresas de alta tecnologia, como o Google, e também aplica R = G e N = 1 às indústrias de serviço, como o ensino. Pode nos dar um exemplo de como isso funcionaria?

Vamos pensar na indústria de pneus. É uma indústria que está situada no nordeste dos Estados Unidos (conhecida como Rust Belt) e que já existe há 100 anos. A venda de pneus para os proprietários de frotas, por exemplo, é um sistema bem estabelecido. Os canais são conhecidos e o produto é bem claro. Imagine se, em vez de vender pneus para um proprietário de frota, eu decidisse vender um serviço, o uso dos pneus. As pessoas dirigem caminhões de forma diferente – alguns são caminhões de curta distância, outros são de longa, há uma grande variação. Então, eu digo que cobrarei apenas pelos quilômetros de uso: tudo o que preciso fazer é medir quantos quilômetros cada caminhão viaja.

Então, posso ir mais além e colocar alguns sensores nos pneus para saber a pressão deles, as velocidades de frenagem, o terreno em que você dirige e assim por diante. E, com um sistema de posicionamento global (GPS), também posso ver as rotas que cada um utiliza. Agora entendo melhor como você usa seus pneus. Assim, posso pedir que verifique a pressão deles e que rode-os, pois a pressão e a rotação podem melhorar drasticamente o uso e reduzir o custo para o proprietário de uma frota. Os sensores nos pneus informam sobre como as pessoas usam os pneus ou dirigem os veículos.

E assim o vendedor de pneus e o operador de frota estão cocriando valor?

Sim. Mas posso ir ainda mais longe: digamos que você tenha 500 motoristas. Vamos usar o João como exemplo; posso observar seus hábitos de direção e dar a ele conselhos para que melhore a segurança e o uso dos pneus e para que seja um melhor motorista. Então, o que costumava ser uma transação puramente comercial, baseada no preço, passa a ser um relacionamento pessoal com um motorista e com os proprietários de frotas, de modo que eu possa prestar ótimos serviços e receber uma boa compensação. Como agora tenho acesso aos dados em tempo real (e não dados de grupos de foco), posso pensar em ótimas ideias para o desenvolvimento de produtos. Esse é o tipo de transformação que todas as empresas podem ter.

O que esse tipo de transformação significa para a forma como os gestores pensam e agem?

Os gestores devem substituir a visão centralizada na empresa, em que a empresa é a unidade principal de análise, pela visão da centralidade do consumidor individual como principal unidade de análise. Essa é uma primeira transição bastante importante.

Essa noção se aplica ao resto do mundo? O pensamento é relevante em países como China, Índia e outras culturas não tão individualistas?

Acho que todo mundo quer ser tratado como único. Todos querem uma oportunidade para se expressar. As sociedades menos industrializadas e os mercados emergentes podem fazer essa transição diretamente, pois não precisam passar por todo o processo que o Ocidente tem enfrentado. Por exemplo, pense na telefonia: por que esses países devem primeiro adotar o telefone fixo antes de utilizar o telefone móvel? Eles não precisam comprar modelos de televisões antigas antes de adquirir a TV de plasma; eles podem comprar diretamente a versão mais moderna, e os custos estão baixando, de qualquer jeito. Uma das coisas que estou argumentando é que o princípio $N = 1$ e $R = G$ se aplica ao mundo inteiro.

Além disso, quando as pessoas estão conectadas ao redor do mundo, elas querem ter as mesmas coisas. Na China e na Índia, as pessoas não querem ser tratadas como se ainda estivessem na Idade da Pedra ou no início da Era Industrial, em que você pode adquirir apenas o que nós produzimos para você. De repente, nos Estados Unidos e na Europa, você pode ter experiências altamente personalizadas. Então, por que não podemos criar as mesmas experiências individualizadas em todo o mundo?

Parece haver um paradoxo aqui, pois, embora as pessoas queiram as mesmas coisas, elas também querem ser únicas – ter coisas exclusivas.

Exatamente. Portanto, o primeiro princípio que deve ser compreendido pelos gestores é o da centralidade do indivíduo. O segundo, o da interdependência das instituições, ou seja, você não deve tentar fazer tudo sozinho. A realidade é que você não consegue; mesmo se você for a IBM, a GE, a P&G ou a Unilever, ainda é preciso depender de várias outras instituições. Portanto, neste novo mundo, ecossistemas competem, não empresas individuais. E aí está o segundo princípio, R = G.

O terceiro, que é ainda mais interessante, é como o valor é criado. A criação de valor era tradicionalmente considerada uma cadeia de valor capturada pela cadeia de fornecimento. O valor foi criado e colocado em um produto pago pelo consumidor. Nessa transação tradicional, o consumidor não teve qualquer papel na criação do valor. No entanto, se ele estiver envolvido na cocriação de valor, é preciso reconhecer essa participação no preço. É preciso reconhecer que uma parte do valor é criada com o consumidor por meio da interação, e isso deve ser levado em consideração no modo como você define o preço e cobra por esse valor. Essa é a terceira transição.

Você acha que os gestores se intimidam com essas transições?

Elas não são complicadas, mas é difícil fazer todas de uma só vez. Você deve transformar sua empresa focando em um objetivo, o que não significa que precise ir de A a B de uma vez só; pode migrar sistematicamente. Então diria que as empresas precisam adotar pequenas mudanças, porém sólidas, voltadas para a mesma direção.

Falamos sobre gestão. Mas o que essas novas maneiras de pensar representam para o modo como lideramos? Como elas mudam a liderança?

Eu diria que há três distinções bem importantes. Primeiro, líderes devem liderar. Você não pode liderar se não estiver focado no futuro. A liderança está relacionada com o futuro, com um ponto de vista sobre o futuro e com a esperança.

Esse é o primeiro ponto. E as outras mudanças para os líderes?

O segundo ponto sobre liderança é que ela não diz respeito ao líder. A metáfora que gosto de usar é a do líder como um cão pastor, e não como pastor. Um cão pastor precisa respeitar algumas regras. Primeira, você sempre deve liderar atrás do rebanho. Segunda, você pode latir, mas não morder. E terceira, você não pode perder ovelha alguma.

Em outras palavras, um líder é aquele que consegue extrair o melhor de cada um, e não o melhor dele próprio. Essa é uma visão bem diferente. É o que Gandhi fez. Se você pensar em Gandhi e lembrar-se de sua aparência, sua estatura física e suas roupas, não diria que ele deixaria uma marca tão forte na história da humanidade. Ele era um grande inovador; sua liderança era relacionada à mudança, à esperança e à liberdade, era algo muito pessoal. Gandhi fez todos os indianos perceberem que eles mesmos podiam contribuir para essa conquista; e, o mais importante, definiu alguns pontos não negociáveis. Não foi uma luta armada, mas sim uma luta pacífica, e isso é incontestável. Então, este seria o meu terceiro princípio: algumas coisas não são passíveis de discussão. A autoridade moral se dá por meio de princípios imutáveis. E isso exige coragem.

Para mim, liderança é um ponto de vista, a habilidade de mobilizar as pessoas o suficiente para fazê-las realizar todo o seu potencial e ter uma direção moral. Não envolve apenas capacidade tecnológica e poder econômico, mas também moralidade.

The Fortune at the Bottom of the Pyramid discute sobre como as empresas, inclusive as grandes, podem trabalhar com mercados emergentes para diminuir uma parte da pobreza. Como isso se encaixa nas suas ideias sobre inovação? Essas ideias estão conectadas?

Acho que estão bastante relacionadas. Na verdade, meus três últimos livros – *The Future of Competition*, em que abordamos pela primeira vez a ideia de cocriação; *The Bottom of the Pyramid*, em que observamos 5 bilhões de consumidores carentes; e *The New Age of Innovation*, que traz a ideia N = 1 e R = G – fazem parte de um argumento maior. Mas precisei separá-los em conceitos menores para que a mensagem não ficasse confusa. Agora que já expliquei, vamos entender como se encaixam.

Nesses livros, estou levantando três pontos simples relacionados com oportunidades para as empresas. Primeiro: considere 6 bilhões de pessoas como seu mercado, não somente aquele bilhão no topo da pirâmide. Esses 6 bilhões de pessoas podem ser microprodutores, microinovadores e microconsumidores em potencial. As empresas atuais já estão pensando em expandir o acesso à pirâmide, não se restringindo apenas ao topo ou à base, mas levando seus produtos a todos. É possível observar isso em empresas como a Unilever: seja Dove, Seda ou qualquer outro produto da marca, a Unilever está procurando maneiras de torná-los acessíveis a todos da pirâmide, do topo até a base. O produto pode ser empacotado em um sachê para as pessoas pobres na Índia que podem comprar apenas uma pequena quantidade por vez ou ser comercializado em frascos grandes para os compradores mais abastados do topo da pirâmide.

A ideia de que todos da pirâmide tenham acesso aos produtos está se tornando comum.

Segundo: se quiser prestar um bom serviço aos seus consumidores e, portanto, fidelizá-los, é preciso entender a singularidade de cada um e criar uma experiência personalizada e original. Isso significa que você não pode apenas oferecer um produto e pensar nessa relação como uma transação. É preciso construir uma relação mais duradoura. Essa é a ideia da cocriação.

Terceiro: no livro *The New Age of Innovation*, junto essas duas ideias e questiono: como podemos uni-las e colocá-las em prática. Qual é a cola? A cola é a arquitetura da informação, ou arquitetura de TI, e os valores sociais que criamos nada mais são do que a arquitetura social em termos de competências, formação, abordagem ao talento e assim por diante.

Todos se complementam, e acredito que estamos à beira da maior oportunidade de crescimento que qualquer empresa já viu. Imagine, mesmo que você não considere que 6 bilhões de pessoas compõem seu mercado, como seria passar de 1 para 3 bilhões de potenciais clientes: ainda assim seria a maior oportunidade de crescimento já vista. Acredito que estamos à beira de algo extraordinário.

Além da pirâmide

Em nossa última entrevista com C. K., em 2010, ele havia acabado de reafirmar sua posição de principal pensador de gestão do mundo, ficando em primeiro lugar no Thinker50 pela segunda vez consecutiva. Discutimos o sucesso do livro *The Fortune at the Bottom of the Pyramid*.

Você ficou surpreso com o impacto que The Fortune at the Bottom of the Pyramid *teve?*

Até certo ponto, sim. Antes de o livro ser publicado, a ideia que se tinha ao redor do mundo era de que os pobres são responsabilidade do Estado. Eles precisam de ajuda, então os subsídios são a solução. Por mais de 50 anos, houve todo um esforço nesse sentido por parte de economistas do desenvolvimento, instituições multilaterais, instituições assistenciais e filantropos. Dizer que talvez exista outra maneira de resolver esse problema foi bem radical.

Nunca tive certeza se essa tese seria aceita, mas, para minha surpresa, instituições multilaterais, ONGs e muitas empresas aprovaram a ideia. As instituições assistenciais agora perguntam: "Estamos criando um sistema baseado no mercado? Podemos criar transparência? Podemos desenvolver capacidades?" Desse ponto de vista, foi uma grande surpresa.

O que me surpreendeu também foi que, embora ideias como competência central e cocriação passassem a fazer parte do vocabulário, demoraram muito para serem utilizadas. Por outro lado, o conceito de base da pirâmide (BP) levou bem menos tempo para ser assimilado. Isso também é uma boa notícia. Cinco anos depois, fico admirado de ver quantas empresas criaram pequenas iniciativas e estão começando a entender como participar.

Você publicou o livro pela primeira vez em 2004 e está publicando uma nova edição, cinco anos depois. O que mudou desde então?

Se você observar o que aconteceu desde a publicação do livro, três perguntas que todo mundo tinha em mente foram respondidas de maneira conclusiva. Existe um mercado real? É possível lucrar? Os pobres consumirão novas tecnologias? A revolução que a Internet sem fio trouxe, com 4 bilhões de pessoas conectadas no mundo, provou que tudo isso é possível. Os pobres certamente estão utilizando novas tecnologias, seja na África Subsaariana, no sul da África, em vilas indianas ou latino-americanas. Eles gostam de tecnologia e estão descobrindo novas aplicações. Há um enorme mercado. Apenas na Índia estão surgindo de 11 a 12 milhões de usuários de celular por mês; não por ano, mas por mês. Isso demonstra que, se você atingir o ponto certo, o mercado passa a existir e as empresas começam a lucrar, seja Cell Tel, Safari. com, Airtel, Reliance ou Globe nas Filipinas. Todas as empresas estão tendo lucro, e, o mais importante, a capitalização de mercado dessas empresas é real. Na Índia, há quatro empresas que não existiam há 15 anos e que agora possuem uma capitalização de mercado, considerado enfraquecido, de $ 45 milhões. Portanto, essas questões estão sendo respondidas.

O mais interessante para mim são inovações icônicas como o Tata Nano, que está criando um ponto de inflexão na indústria automobilística global. Hoje, nem todas as pessoas pobres podem comprar um carro de $ 2.000, mas, na Índia, 300 milhões de pessoas podem. A Tata Nano recebeu uma antecipação de $ 600 milhões para que as pessoas pudessem retirar um carro em 2011. Essa é uma perspectiva interessante sobre a indústria automobilística global. Todo mundo está fechando fábricas na Índia e dando concessões para as pessoas comprarem carros; porém, as pessoas estão dando dinheiro para a Tata, de modo a receber um carro em 2011. Algo está acontecendo nesse mercado e, como gestores, profissionais e acadêmicos, precisamos estar atentos a isso.

Na nova introdução do livro, você fala explicitamente sobre a democratização do comércio. Pode nos explicar o que isso significa?

Começo com uma ampla perspectiva filosófica. O século XX foi um período em que se discutiu liberdade política. E reconheço que esse ainda é um trabalho em andamento. Não vivemos nessa época, mas as pessoas reconhecem a liberdade política como um direito inato. Então me pergunto: qual o maior desafio para todos no século XXI? A democratização do comércio.

Pense na competência central como uma ideia. Ela não tem a ver com os melhores em gerenciamento; ela tem a ver com os trabalhadores e as pessoas comuns, bem como com a comunidade de trabalhadores unindo forças para criar um capital intelectual. Isso basicamente significa que não devemos subestimar o enorme valor adicionado pelas pessoas comuns. Isso não tem nada a ver com os grandes líderes. Hoje essa ideia é amplamente aceita.

Então, passamos para a segunda ideia – cocriação. A cocriação envolve questões como estas: como podemos potencializar os consumidores? Como você dá poder aos fornecedores e consumidores, de modo que juntos possam criar mais valor? A conexão com os fornecedores agora é chamada de conexão e desenvolvimento ou inovação aberta, mas essa ideia não surgiu do nada, já é antiga. A cocriação com consumidores está acontecendo em todo o mundo, e o *The New Age of Innovation* discorre sobre como colocar essa ideia em prática.

Quero que você pense – essa é a ideia da competência central. Quero que os fornecedores e os consumidores pensem comigo – essa é a ideia da cocriação. Se você juntar as duas ideias e for para a base da pirâmide, você basicamente está perguntando: como faço para que todas as pessoas do mundo se beneficiem da globalização como consumidores, produtores, inovadores e investidores?

Pense no mundo como uma combinação de microconsumidores. Isso significa que você precisa produzir coisas baratas, acessíveis e disponíveis para todos. Como microconsumidores, também queremos exercitar a escolha; isso é cocriação e aplica-se em nível global. Mesmo que se tenha condições de comprar o que somente os ricos podem, ainda queremos participar da cocriação. Escolha pessoal e acessibilidade são dois aspectos inerentes ao consumidor. A ideia da democratização cria sistemas nos quais uma pessoa pode ter o papel de microconsumidor, microprodutor, microinovador e microinvestidor.

A conectividade permite que pessoas comuns possam se conectar, sem depender da tirania das grandes instituições, e isso é um avanço importante acontecendo bem na nossa frente. Veja o que aconteceu na campanha presidencial dos Estados Unidos em 2008: Obama também recebeu pequenas contribuições, e não apenas doações de grandes contribuintes, e isso o ajudou a ser bem-sucedido.

A democratização do comércio nos obriga a pensar em três questões importantes. Primeiro, há a centralidade do indivíduo em vez da centralidade da instituição. Segundo, há a interdependência entre as instituições. Nenhuma empresa consegue se manter sozinha, seja qual for seu tamanho. Por isso, até mesmo empresas como Procter & Gamble precisam considerar a ideia de conexão e desenvolvimento. Todo mundo compreende isso agora. Isso significa que precisamos competir como um ecossistema. A terceira questão, e também a mais importante, é a inovação iterativa, que envolve um grande número de pessoas.

Muitas mudanças no mundo resultam de pequenos passos tomados quase que simultaneamente por um grande número de pessoas. Veja o que aconteceu com o Facebook, o Twitter e o LinkedIn. Essas mudanças fundamentais estão ocorrendo de forma rápida, imperceptível e pacífica. Ninguém o obriga a fazer parte dessas redes, você mesmo percebe as vantagens de estar conectado. Acredito que estamos próximos desse novo desafio intelectual, organizacional e social de encontrar uma forma de todos se beneficiarem. Isso não quer dizer que todos serão igualmente beneficiados, mas que vão ter o direito e a chance de participar. Ao menos, é isso que espero.

Pessoas como Bill Gates falam sobre capitalismo criativo. A sua visão é muito diferente da dele ou vocês estão convergindo nas mesmas ideias?

Na verdade, não é muito diferente. Acho que é uma discussão bastante relevante. Você tem o capitalismo criativo, o capitalismo consciente e ainda o capitalismo social ou a inovação social. Então cria o capitalismo acionista de valor compartilhado. Acho que as novas formas de capitalismo ligam duas coisas. Primeiro, elas conectam mercados justos. A transparência ainda é importante tanto quanto a avaliação justa de valor. A segunda é a cocriação. Juntos precisamos entender o que é valor. Então, se você conectar os mercados, que envolvem entendimento econômico, transparência, acesso a informações e eliminam assimetria de informação, você tem a ideia de cocriação, tem a democratização.

Em meio a tanto alvoroço, algumas coisas estão bem claras: estamos cada vez mais interdependentes, reconhecemos isso, e os mercados estão cada vez mais importantes como forma de resolução de problemas difíceis. A meu ver, a democratização significa juntar esses dois aspectos.

Isso exige um novo perfil de líder? Quais são as características dos líderes que vão gerenciar nessa nova era?

Acho que humildade é um bom começo. Chegamos a um ponto em que, se você quisesse ser um bom líder, tinha de ser arrogante. Não é mais assim. Acredito que liderança envolve esperança, mudanças e perspectivas para o futuro. A partir dessas premissas, os líderes devem estar dispostos a ouvir e a oferecer diversas perspectivas, pois o futuro é incerto.

Por último, diria que os futuros líderes vão ter mais autoridade moral; não autoridade hierárquica. Se você pensar em Gandhi, perceberá que ele não tinha grandes exércitos. Seu poder era a força moral. A virtude de Gandhi estava em nunca ser autoritário. Ele era rígido, muitas vezes autocrático, mas sempre disposto a mudar seus métodos. As pessoas o escutavam. Pode não ter sido a pessoa mais democrática em alguns momentos, mas escutava muitas pessoas e tinha seus valores bem estabelecidos.

Na última vez que nos encontramos, você disse que precisávamos pensar sobre o próximo plano para a humanidade. Poderia compartilhar seu parecer sobre isso?
Quais são as principais forças motrizes de uma ordem social? A globalização é uma delas. A segunda, que é importante para mim, é como criar um crescimento inclusivo. Esta é a base da pirâmide: como conseguir transformar 5 bilhões de pessoas em microconsumidores, microprodutores, microinovadores, etc. A terceira é como capacitar as pessoas. Isso é cocriação. A quarta é que, se você, de repente, tem 4 bilhões de novos consumidores e produtores, o planeta vai ficar em uma situação insustentável. Todos sabemos disso. Ele já não está muito sustentável.

Se com 1,5 bilhão de pessoas já criamos esse problema, com 6 bilhões temos apenas duas escolhas. Uma delas é pedir que permaneçam em suas comunidades e não usufruam das comodidades básicas da vida. Se aqueles 4 bilhões de pessoas a mais representam somente 10% do nosso consumo de energia, é quase como acrescentar os Estados Unidos inteiros ao consumo, algo como 400 a 500 milhões de equivalentes energéticos ao país. Não é possível. Acredito que o próximo grande desafio é tentar olhar para a sustentabilidade não como conformidade e regulamento, mas sim como um requisito básico para a inovação.

Se meu objetivo é que uma cirurgia de catarata custe $ 30 e não $ 3.000, é preciso inovar. É exatamente isso que aconteceu na base da pirâmide. Portanto, precisamos do mesmo esforço utilizado para as inovações revolucionárias aplicado à sustentabilidade.

Pense em um modelo no qual você tem crescimento inclusivo, sustentabilidade, cocriação e globalização criando interdependências. O próximo desafio é juntar todas essas coisas e pensar sistematicamente sobre elas.

Reinventando a base da pirâmide

Infelizmente, C. K. não está mais conosco, mas nos sentimos honrados em informar que seu legado continua vivo.

Os pensadores indianos seguem inovando com ideias que abordam as questões com as quais C. K. se preocupava. O princípio da BP vem sendo utilizado de novas maneiras para novos desafios.

O trabalho de Bhagwan Chowdhry, professor de finanças na Anderson School da UCLA, é um ótimo exemplo. Um encontro com Vijay Mahajan, o pai da microfinança da Índia, levou-os a criar o projeto Financial Access @ Birth (FAB).

Por trás disso, estão alguns fatos surpreendentes. Como Chowdhry aponta, quase metade da população adulta do mundo não tem acesso a serviços financeiros básicos. Ao mesmo tempo, mais da metade de todos os nascimentos na maioria dos países em desenvolvimento não são registrados. Possivelmente, as crianças não registradas estão entre os membros mais pobres e socialmente marginalizados da sociedade. As pessoas sem documento de identidade têm dificuldade em obter até os serviços mais básicos, como contas bancárias. Também são prejudicadas quando catástrofes naturais e conflitos ocorrem, pois as tentativas de distribuir água, alimentos e medicamentos são, muitas vezes, comprometidas pela corrupção e pela incapacidade de identificar os beneficiários.

Esses fatos, por si só, já são suficientes para que haja uma nova maneira de pensar.

Como Chowdhry explica, "Essas circunstâncias imbricadas me levaram a fundar a Financial Access @ Birth, cujo objetivo é distribuir $ 100 em poupança para cada criança nascida no mundo. A conta bancária será atrelada à certidão de nascimento e a uma carteira de identidade universal, quando essas formas de identificação forem feitas. A iniciativa é baseada em incentivos: o valor de $ 100 vai convencer os pais a registrarem o nascimento de seus filhos, e uma conta bancária vai incentivar a criação de poupanças e o acúmulo de bens. Por fim, o acesso ao telefone celular vai facilitar a transferência de dinheiro para os necessitados.

"O depósito de $ 100 também incentiva os bancos e as instituições financeiras a se tornarem mais inclusivos. Uma conta com depósitos de longo prazo e estáveis é o sonho de qualquer gerente de banco e, embora se trate de um valor modesto, nossas estimativas sugerem que é o suficiente para deixar as contas da FAB atraentes."

O comércio bancário aliado à preocupação social só ajuda a melhorar a reputação do setor, a partir de um ponto de partida bastante baixo. E o melhor de tudo é que a ideia da FAB faz sentido sob todos os aspectos. É a criação de um microbanco para ganho mútuo. Chowdhry calcula que os juros e as taxas de lucro dos bancos superariam o seu custo de financiamento entre 4 e 5% ao ano.

É um projeto bastante ambicioso. Gostamos tanto da iniciativa que a FAB foi finalista do prêmio Distinguished Achievement da Thinkers50 em 2013 – um prêmio que temos orgulho de chamar de C. K. Prahalad Breakthrough Idea Award. (Navi Radjou e Subir Chowdhury, destacados mais adiante neste livro, também foram indicados para a mesma categoria.)

É importante salientar que três dos seis finalistas eram pensadores nascidos ou educados na Índia; e eles não foram selecionados devido às suas origens, mas pela direção para a qual suas ideias estão nos levando. C. K. teria aprovado.

CAPÍTULO 4

Fazendo acontecer
Ram Charan e Subir Chowdhury

Há algo de pragmático e adaptável em muitos dos pensadores e líderes de gestão indianos que conhecemos. Isso ficou claro quando falamos com Vivek Singh, CEO do grupo de restaurantes Cinnamon Club, em Londres.

No final dos anos 1990, a carreira de Singh já estava bem estabelecida na Índia. Ele trabalhava para o Hotel Rajvilas – 72 quartos de luxo em 32 acres de terra – quando conheceu Iqbal Wahhab, inglês nascido em Bangladesh. Wahhab já tinha lançado a revista *Tandoori* no Reino Unido e, na época, estava desenvolvendo ideias e arrecadando capital para viabilizar o que se tornaria o Cinnamon Club. Acabou convencendo Singh a ser o primeiro *chef* do novo empreendimento.

"Iqbal me disse: 'Estou tentando abrir um restaurante e quero que ele seja único'. Então falei: 'Quais são suas ideias? O que você pretende fazer de diferente?' E ele me contou que teríamos um espaço incrível de 12.500m²! Não teria papel de parede de tecido; seria o melhor serviço, com porcelanas e louças sofisticadas, talheres de qualidade e assim por diante. Então disse: 'O que mais?' E ele respondeu: 'Bom, o que mais você acha que precisa?' Então sugeri um tipo bem diferente de comida, uma que combinasse meu conhecimento em receitas tipicamente indianas com uma grande variedade de ingredientes. Conhecia cerca de 300 receitas indianas, mas estava buscando mais."

Cozinha ingênua

Vivek Singh, com sua equipe de cinco *chefs*, chegou pela primeira vez em Londres em dezembro de 2000. "Todas as pessoas que trabalhavam comigo se mudaram. Foi uma jornada, deixamos de fazer uma comida comum, que todos faziam, e começamos a fazer algo único; foi uma mudança interessante." Em 21 de março de 2001, o Cinnamon Club abriu suas portas ao público.

Os riscos comerciais, culinários e pessoais eram enormes. Singh não tinha estado no Reino Unido até então, e agora estava envolvido na inauguração de um restaurante, bem no centro de Londres, que afirmava ser a revolução da experiência gastronômica. "De certa forma, a ignorância é uma benção. Nunca pensei de fato se seria bem-sucedido ou não. Que ingenuidade! Não tinha nada a perder", diz Singh. "Queria cozinhar; queria fazer muito mais. E quanto mais você faz, mais quer fazer." Havia muito a ser feito. Em apenas três meses, Singh precisou descobrir como criar uma comida inovadora para proporcionar aos clientes uma experiência igualmente nova. Ele precisou encontrar fornecedores em uma cidade que ainda não conhecia muito bem, além de outras coisas.

Quando o restaurante foi inaugurado, Singh estava totalmente imerso no seu trabalho. Sua lembrança daquele período é basicamente de receitas, ingredientes, cardápios, temperos, enfim, cozinha. "Tinha uma pequena participação nos negócios, nada muito significativo, porque isso não me interessava. Não era o meu foco. Minha empolgação era criar um novo cardápio. Mas foi intenso, tão intenso que nem me lembro bem dessa época. Uma cozinha é uma cozinha. Se você trabalha ali por 14 ou 16 horas por dia, não faz muita diferença se ele fica em Jaipur ou em Londres."

Singh e sua equipe trabalharam sete dias por semana durante os seis primeiros meses, das 8h da manhã à meia-noite, ou até mais.

O choque do novo

Para alguns, experimentar a nova abordagem à cozinha indiana pela primeira vez foi sem dúvida um choque. "Tenho certeza de que algumas pessoas não gostaram, e Iqbal deve ter escutado, entre outras coisas, que essa ideia não daria certo", lembra Singh. "Eram comentários fortes e desagradáveis, rudes até. Mas continuamos do nosso jeito. Permanecemos determinados e firmes com o nosso propósito, e em seis meses começamos a ganhar credibilidade. A questão é que os britânicos amam curry, mas também amam novas experiências."

E novas experiências foi o que eles tiveram. Singh, agora satisfeito com seu avanço culinário e elogiado como inovador, poderia ter feito uma pausa para respirar e apreciar os aplausos. Em vez disso, decidiu mudar o cardápio todos os dias, o que aumentou ainda mais as expectativas. "Um dos caras mais velhos que contratei veio até mim e disse 'Chef, não é da minha conta, mas sem querer faltar com o respeito, você precisa ter cuidado com o que está fazendo. Você está apostando tudo; um dia vai ficar sem ideias, e então não terá algo inovador. E eles não vão mais querer saber de você. Você é jovem, entusiasmado, e realmente respeito isso, mas não é necessário mudar o cardápio todos os dias.'

"Na verdade, quanto mais você cria, mais ideias você tem. Sempre que nos encontramos, falamos sobre isso, e ele diz 'você estava certo'. Quando se cria novos pratos, as ideias surgem, você sempre as terá. E acho que é isso que descobrimos, e nossa equipe também. O desafio agora é fazer jus às expectativas. O sucesso comercial também faz parte dessas expectativas. Estamos sempre inovando, nunca ficamos parados."

Ram Charan – o *coach* nômade

Essa mesma inquietação faz parte da personalidade de Ram Charan, um dos educadores e consultores executivos mais respeitados dos Estados Unidos. Com 35 anos de carreira, já trabalhou com alguns dos CEOs mais conhecidos do mundo, incluindo Jack Welch durante seu tempo na General Electric.

Charan começou sua carreira trabalhando na loja de calçados da família, na Índia. Na Harvard Business School, recebeu um diploma de engenharia, um MBA e um doutorado antes de se tornar membro do corpo docente. Em 1978, deixou a academia para estabelecer a empresa de consultoria Charan Associates, com sede em Dallas.

Notoriamente nômade, Charan dá palestras em programas de educação executiva de empresas e oferece consultoria aos conselhos das empresas da *Fortune 500*. No famoso Crotonville

Institute da GE, ganhou o prêmio Bell Ringer de melhor professor. Recebeu prêmios semelhantes da Wharton School, da University of Pennsylvania e da Kellogg School of Management, da Northwestern University.

Escritor talentoso, Charam escreveu e participou de diversos livros e artigos influentes, incluindo o *best-seller Execution: The Discipline of Getting Things Done*, escrito em 2002 em coautoria com o ex-CEO da AlliedSignal, Larry Bossidy, e Charles Burck; além de *Boards at Work, What the CEO Wants You to Know, The Leadership Pipeline* e *Every Business Is a Growth Business*.

Você se vê como professor, consultor ou escritor?

Nenhum dos três. Faço uma série de coisas. Leciono nos programas executivos de empresas. Auxilio os níveis de alta gestão nos eventos externos, além de trabalhar na governança corporativa. É difícil de me classificar, porque, ao contrário da maioria das pessoas que se restringe ao seu departamento, tive a oportunidade de ver as questões que os gestores gerais enfrentam. Meu foco principal é estratégia, liderança, organização e a diretoria.

Você é mais conhecido dentro das salas de reuniões das empresas do que fora. Isso é proposital?

Sempre evitei publicidade. Apenas recentemente comecei a escrever livros. Minha reputação é baseada em boca a boca, o que significa que é preciso contribuir diariamente. As pessoas precisam perceber o meu trabalho como algo importante para elas. Para isso, tenho de transformar ideias e torná-las úteis para as empresas. O que me distingue é que não digo "aqui estão algumas ferramentas, quais são os seus problemas?" Mas sim, "deixe-me ver quais são os problemas e como posso ajudá-los." Esse é o diferencial.

Você é descrito como uma pessoa nômade. Mas quanto tempo de fato passa na estrada a cada ano?

Estou na estrada 100% do meu tempo, e isso há 26 anos.

Você nunca vai para casa por um período maior de tempo?

Não tenho casa, apenas um escritório. Vou para um hotel sempre que preciso.

Mas o seu escritório fica no Texas. Qual a dimensão dele?

Apenas uma secretária.

O seu trabalho possui um foco bastante prático. Isso está relacionado ao fato de você fornecer consultorias práticas?

Era professor em Harvard e na Northwestern University quando comecei a desenvolver minhas ideias, e muitas são complicadas de serem colocadas em prática. Observo a situação, a indústria e os fatores econômicos globais e, a partir disso, desenvolvo uma solução específica. Muitas dessas teorias não são de fato realizáveis.

Outros pensadores tendem a abordar o mundo com uma teoria pronta, para depois aplicá-la a uma situação. Quer dizer, então, que você faz o contrário?

Primeiro preciso descobrir quais são os problemas de uma empresa – quais são os desafios? – e depois tento achar uma solução, que é a parte mais recompensadora.

Você incentiva os executivos a pensar como vendedores ambulantes. Por quê?

Todas as empresas listadas no FTSE ou no New York Stock Exchange precisam responder às mesmas questões básicas: qual a sua margem de lucro? Qual o seu crescimento? Qual o giro de estoque? Qual o fluxo de caixa? O que você sabe sobre a necessidade dos clientes? O que o destaca entre a concorrência? Essas são as mesmas questões que um vendedor ambulante precisa entender. É preciso dominar a relação entre elas, já que são o núcleo de qualquer negócio. Depois, aprende-se como ampliá-las. O mesmo vale para qualquer empresa, seja GE, seja Toshiba. Mas, se você não entender essa parte central, será difícil compreender em maior escala.

Gerenciar uma empresa grande como a GE é diferente de gerenciar uma empresa de calçados na Índia, ou a gestão é algo universal?

Há questões universais, as que mencionei anteriormente. A diferença é a escala, a complexidade e a dimensão da empresa. Isso sim é diferente. Mas quando se trata de decisões finais, todos precisam responder a essas mesmas cinco ou seis questões.

O subtítulo de Execution, *livro que escreveu com Larry Bossidy, é* The Discipline of Getting Things Done. *Mas a execução não é algo inseparável da gestão, em vez de uma disciplina própria?*

Boa pergunta. O que se diz é que várias pessoas falam em teorias, visões, missões e estratégias. Usam termos como *high-level*, mas esquecem que, para fazer acontecer, é preciso algo mais. Existe a disciplina, a rotina e as ferramentas que você pode utilizar para conseguir uma execução perfeita. Mas isso não pode ser feito sem líderes e gestores que dominem essa disciplina.

Qual a principal diferença entre empresas com uma cultura de execução e aquelas sem?

Todo mundo fala sobre cultura, mas você precisa operacionalizá-la; caso contrário, não vai se tornar realidade. Apenas cultura não basta. Os líderes têm de orientar a execução, mas é preciso ir além e se fazer as seguintes perguntas: "Quais são os vários processos da empresa que, juntos, criam a cultura? Quais desses processos estão funcionando e quais não estão? O que está produzindo resultados financeiros e o que não está? Como se melhora os processos que não estão dando resultados? Qual a metodologia de execução?" Esse livro apresenta a metodologia.

Isso não deixa uma empresa muito focada nos números a ponto de excluir todo o resto?

Não. Com o tempo, vemos que isso resulta na introdução do lado humano: o sistema social. E é aí que muitas empresas fracassam. A grande contribuição desse livro é a conexão que faz entre os números e o sistema social. Isso de fato é muito importante.

Você trabalhou com muitos líderes empresariais ao longo dos anos, inclusive com alguns nomes bastante reconhecidos. Na sua opinião, quais são as principais características de um CEO moderno?

Todo mundo tem a sua própria teoria. A meu ver, para um CEO ou líder de longo prazo, alguém que está no cargo há quatro ou cinco anos, a habilidade mais importante é saber escolher as pessoas certas para o trabalho certo. E isso vale mais do que a estratégia. A outra habilidade envolve decidir qual direção seguir. As duas são essenciais.

Você também é especializado em sucessões de CEOs. Por que muitas dessas sucessões fracassam?

Há duas causas principais. A primeira é que o processo de planejamento de sucessão da maioria das empresas está falido. Há um grande teor político e muita história, mas não existe um diálogo efetivo que equilibre essas questões; por isso não funciona. Em muitas empresas não há o planejamento de sucessão. Esses são os dois pontos cruciais.

Por exemplo, na IBM, havia um ótimo planejamento de sucessão nas décadas de 1970 e 1980, que fracassou em produzir um sucessor e foi necessário trazer alguém de fora para o cargo. Esse sistema falhou por não ter dado atenção à identificação de genes sistemáticos de negócios, de lucros e perdas. Portanto, não foi bem-sucedido. Então entra Lou Gerstner, alguém que sabe o que faz, uma vez que fez o mesmo na American Express. Ele conseguiu reestruturar o sistema e produzir um sucessor de dentro da IBM.

Na maioria dos casos, as empresas são obrigadas a contratar alguém de fora, porque a sua situação está muito ruim. Antes de Gerstner chegar, a IBM estava à beira de um desastre.

Você também escreveu bastante sobre os motivos dos fracassos dos CEOs. Hoje, eles fracassam pelas mesmas razões ou há novas causas?

A principal razão ainda é a mesma: não saber executar.

Os CEOs estão fracassando mais. Por quê?

Se as pessoas não são treinadas para isso nem escolhidas adequadamente pelo planejamento de sucessão, o que você espera? As faculdades de administração não preparam o aluno para liderança. Seu treinamento se resume a ferramentas, técnicas e sistemas. Nenhuma faculdade consegue preparar líderes. Os líderes são formados na área militar, no esporte, no cenário político e pela prática do trabalho, não pelas faculdades de administração.

Essa é uma grande falha das faculdades de administração?

Essas faculdades não afirmam que estão criando líderes, apenas selecionam líderes e fornecem algumas ferramentas com as quais possam trabalhar. Se você analisar por esse ângulo, não chega a ser uma falha. Elas são bem claras nesse aspecto. O melhor treinamento ainda é o militar. É responsabilidade das empresas desenvolver os líderes: dar experiências de liderança e depois avaliá-los, classificá-los e realocá-los. São as empresas que precisam fazer isso, mas a maioria não faz. Como você espera não haver índices de fracasso altos?

Em muitos casos, as empresas selecionam os líderes por suas capacidades intelectuais. A sedução intelectual nada mais é do que escolher uma pessoa bastante inteligente que faz ótimas apresentações. No entanto, mesmo que essa pessoa domine o assunto, vai falhar em relação à prática, pois não tem as competências necessárias.

Muitos livros sobre liderança trazem os mesmos exemplos: Jack Welch, Richard Branson, Winston Churchill e assim por diante. Como modelos, eles podem ajudar?

Trabalhei com Jack Welch por muito tempo. Com essas pessoas, você pode aprender quais ferramentas utilizam, suas abordagens e o que acham que as ajudou a construir seu sucesso. Isso é diferente de usá-los como modelo. Não existem dois Jack Welch, nem dois Winston Churchill, tampouco dois Richard Branson. Mas existem algumas ideias, técnicas e ferramentas.

Quem tentar imitar um desses líderes provavelmente vai fracassar. Mas quem gosta de aprender algumas coisas com pessoas bem-sucedidas, incluindo esses líderes empresariais, é bem provável que consiga obter algo a partir disso.

Jack Welch tem uma ideia do que o fez ser bem-sucedido?

Eu o conheço há muitos anos. Se você ler o livro dele mais atentamente, vai perceber que o segredo é a seleção de pessoas. Ele também foi bastante claro sobre o rumo que queria dar à empresa. Esses são os principais pilares do seu sucesso, e os dois podem ser aprendidos. Está tudo em seu livro.

A importância da qualidade

Outro pensador indiano com uma obsessão saudável pela execução é Subir Chowdhury. Para ele, o segredo de uma implementação eficaz é a adesão aos princípios da Gestão da Qualidade Total (*Total Quality Management* – TQM), que pode desempenhar um papel vital na mobilização de recursos e na eliminação de desperdícios em um nível individual, organizacional e nacional.

Chowdhury é presidente e CEO da ASI Consulting Group. Aclamado como "O Profeta da Qualidade" pela *Businessweek*, Chowdhury é autor de *The Power of Six Sigma: An Inspiring Tale of How Six Sigma Is Transforming the Way We Work* (2001) e de mais 11 livros sobre gestão.

Seu livro *The Ice Cream Maker* (2005) conta a história de Pete e da fábrica de sorvete que gerencia, acompanhando a melhoria do seu negócio por meio da aplicação dos princípios da qualidade total. Esse livro foi distribuído a todos os membros do Congresso dos Estados Unidos.

The Power of LEO: The Revolutionary Process for Achieving Extraordinary Results (2011) explica como as empresas podem aproveitar os conceitos de escutar, aprimorar e otimizar para incorporar a qualidade no seu dia a dia.

Chowdhury é bacharel em engenharia aeronáutica pelo Indian Institute of Technology (IIT), em Kharagpur, e fez mestrado em gestão industrial na Central Michigan University.

Você pode falar sobre o fio condutor do seu trabalho?
Nos últimos 20 anos, trabalhei na área da qualidade de processos. A qualidade, em especial, combina o poder das pessoas com o poder dos processos. O poder dos processos é bastante simples. Seja qual for a indústria em que você trabalhe – de saúde, manufatura, de serviços ou governamental –, se há trabalho, há processos. Se há um processo, há variação. Variação significa que, às vezes, você vai bem, às vezes, vai mal; às vezes, o processo pode ser mais rápido; às vezes, pode não cumprir seu papel. Minha especialidade está relacionada a como podemos reduzir a variação, pois é devido a ela que existe desperdício, o que afeta diretamente o lucro líquido.

Quando estou em uma empresa, meu trabalho não é reorganizar cargos; é mostrar às pessoas as ferramentas certas para que executem o processo da forma mais correta possível, diminuindo o desperdício e economizando dinheiro.

Há cerca de quatro ou cinco anos, percebi que as empresas que utilizavam o meu processo alcançavam retornos muito melhores do que as outras. Então passei a me perguntar por que algumas empresas melhoravam 100× e outras 10×, se utilizavam o mesmo processo. Isso me incomodou a ponto de questionar minha competência. Talvez não fosse um bom professor, talvez minha empresa não estivesse ajudando esses clientes, ou talvez nosso próprio processo estivesse errado.

Voltamos ao ponto de partida e descobrimos a principal razão pela qual isso estava acontecendo. Inicialmente, questionei meus colegas, que disseram que cada empresa é diferente e talvez fosse melhor estudar nossos clientes. Então, estudamos os clientes e concluímos que, nas empresas que recebem um retorno de 100×, a maioria das pessoas é orientada para prezar pela qualidade, desde a base da empresa até o CEO. No entanto, nas empresas que recebem um retorno de 10×, tal orientação não existe.

Antes de você ensinar o que é a qualidade do processo, é preciso ter certeza de que as pessoas a quem está ensinando também valorizam a qualidade. Percebi que é a valorização da qualidade que faz a grande diferença. É por isso que a Toyota foi bem-sucedida, enquanto sua concorrência passava por dificuldades. A Toyota possui a cultura da valorização da qualidade.

Então, ocorreu-me que poderia ensinar às massas sobre o princípio da qualidade em uma linguagem mais simples, que todos conseguissem entender. Pensei em como poderia transformar esse jargão estatístico em uma linguagem que fosse compreendida por todos. Assim, escrevi o livro sobre o fabricante de sorvete (*The Ice Cream Maker*). Esse livro pode ser entendido por políticos, professores, e até mesmo por crianças. Você pode inseri-lo em turmas de quinta ou sexta série, e esses alunos também vão entender.

Se você pensar "a qualidade me pertence e posso fazer a diferença", já terá meio caminho andado, pois você tem essa preocupação com a melhora contínua.

O quanto sua mensagem é importante em um país como a Índia?

Não muito. Um dos maiores problemas na Índia é a corrupção e o desperdício. Se você visitar a Índia agora, vai ficar completamente surpreso ao ver que a corrupção continua lá do mesmo jeito como estava há 50 anos. Atualmente, ela pode estar ainda pior, pois as pessoas estão mais ambiciosas e vão atrás do dinheiro, e não daquilo em que acreditam ou que lhes interessa.

A meu ver, a Índia, como nação, não pode resolver o problema da corrupção sem adotar a valorização da qualidade.

A Índia está tendo algum progresso nesse aspecto?

A ideia de investir na qualidade soa muito bem em um artigo do *Financial Times* ou do *The Wall Street Journal*. Pode convencer os ocidentais, mas na Índia é muito diferente.

Se você visitar o país agora, vai encontrar muitos lugares com placas gigantescas exibindo o certificado ISO 9000 ou Six Sigma. O pior é que ter o certificado parece ser uma coisa boa, mas, se investigarmos como o conseguiram, é bem possível que se descubra que foi por meio de subornos. Com esse tipo de atitude, a sociedade não tem como melhorar e, embora possa parecer politicamente incorreto, isso é um fato.

Por exemplo, para alguns hospitais, a vida do paciente não é a prioridade número um. O que importa é o quanto esse paciente está pagando pelo atendimento ou se a família possui condições financeiras.

Isso não é valorização da qualidade. Por outro lado, se você sofrer uma emergência em qualquer país ocidental, vai ser atendido independentemente de ter ou não dinheiro. A prioridade é tentar salvar a vida do paciente, e essas são questões fundamentais.

Mas a Índia não tem o monopólio da corrupção.
É claro que não acontece só na Índia. Dr. Deming e outros dos meus mentores, por exemplo, sempre falaram sobre qualidade do processo, mas, nessa área, infelizmente, ninguém enfatizou de fato a qualidade das pessoas. Se pensarmos na crise financeira e tudo o mais, na Europa ou nos Estados Unidos, veremos que sempre houve muita corrupção, inclusive entre o mais rico dos ricos. Não estou sugerindo que os países do Ocidente não enfrentam esses problemas. Lá também há corrupção, mas, com a valorização da qualidade, o impacto econômico sobre a nação é muito menor.

Apesar de ainda ajudar as empresas em relação à qualidade do processo, estou muito mais focado agora na qualidade das pessoas. Na verdade, essas duas áreas são minha especialidade.

Você está aplicando suas ideias sobre qualidade em nível nacional. Você pode explicar isso?
Acredito que a qualidade ruim, tanto de pessoas quanto de processos, resulta em grande impacto econômico em uma nação. Pense em um país como a Inglaterra, que sempre teve uma capacidade intelectual excelente, e ainda tem. Então, a pergunta é: por que perdeu tanta vantagem competitiva? E a resposta, a

meu ver, é porque ela não se concentrou em qualidade. Na verdade, estou convencido disso. E agora os Estados Unidos também estão perdendo um pouco dessa vantagem pelo mesmo motivo. Chamo de doença americana: eles não valorizam a qualidade.

Por exemplo, pense no governo, tanto do Reino Unido quanto dos Estados Unidos. Esqueça a Índia, a China e outros países; estou falando especificamente dos governos do Ocidente. Eles gastaram trilhões de dólares. Mas, se perguntássemos qual percentual desse valor foi utilizado de modo eficiente, não me surpreenderia nem um pouco se no mínimo 50% tivesse sido desperdiçado. Isso significa que, em qualquer projeto, seja qual for o departamento, metade do dinheiro não será aproveitado. Podemos nos considerar sortudos se o desperdício for de apenas 50%. Assim, quando uma administração americana gasta bilhões de dólares em qualquer projeto, metade desse valor está sendo mal utilizado. Isso é literalmente um desperdício.

Você está falando sobre a economia da qualidade, a ideia pela qual foi um dos finalistas no Thinkers50 Breakthrough Idea Award, em 2013. Como você a define?
Defino a economia de qualidade em termos de impacto econômico resultante do desperdício. Em outras palavras, é o impacto econômico não realizado que resulta da não aplicação da qualidade no processo. Deixe-me dar um exemplo real. O Departamento de Defesa dos Estados Unidos tem um orçamento para a criação de aeronaves de última geração. Acredito que gastaram algo em torno de $ 20 a $ 30 bilhões, e as

aeronaves vão ser utilizadas na marinha, no exército e na força aérea.

As três forças armadas estiveram envolvidas no desenvolvimento do produto, mas, quando foi finalizado, nenhuma o quis. Nesse processo, $ 20 bilhões foram jogados fora. Até agora, eles estão tentando descobrir o que aconteceu; isso está atravessado em suas gargantas. Não é possível ignorar tal fato, portanto precisam descobrir o que fazer.

Agora, pense neste detalhe: $ 20 bilhões do dinheiro dos contribuintes! Como uma coisa dessas acontece?

E não é só no Departamento de Defesa.

A Defesa é só um exemplo. Pense no impacto do desperdício econômico na área da saúde ou em programas de geração de emprego. Alguns anos atrás, economistas aconselharam o presidente dos Estados Unidos a repassar $ 1 bilhão para cada Estado. A ideia era de que, se você desse tal quantia para cada Estado, $ 50 bilhões seriam aplicados na criação de novos empregos em todo o país. Mais tarde, no entanto, descobriram que, desse montante, havia sobrado cerca de $ 300 ou $ 400 milhões. Você sabe o que fizeram? Como o dinheiro precisava ser gasto em três meses, quebraram estradas em boas condições para consertá-las e usar o restante dele.

É possível avaliar quanto está sendo desperdiçado?

Bilhões e bilhões de dólares. Mas a questão é: o que podemos fazer em relação a isso? O problema é que os economistas que aconselham os governos não sabem como resolver a situação.

Tenho conversado com economistas ganhadores do Prêmio Nobel a respeito do assunto. Eles aconselham o presidente, e o presidente, por sua vez, considera suas propostas. No entanto, não conseguem avaliar o que está bom e o que está ruim, como também não sabem transformar algo ruim em algo bom. Nenhum economista parece saber como transformar um produto ruim em bom, um processo ruim em um processo bom.

E o pior é que dão seus conselhos com base em modelos econômicos. Não há problema algum em sugerir que o governo dê $ 1 bilhão para cada estado. Não há mesmo. Mas os economistas deveriam ter dito ao presidente que, ao repassar dinheiro, é preciso exigir uma eficiência de 90%. Eles não sabem como criar uma mentalidade de valorização da qualidade, tampouco um processo de qualidade.

Tento combinar o tema da qualidade com o da economia para tentar dizer que, se eles não exigirem eficiência, não vão ter o impacto econômico esperado. O que falamos até agora está em nível macro ou nacional, mas uma economia de qualidade também gera impacto no nível da comunidade.

Você pode nos dar um exemplo disso?

Estou envolvido em pesquisas na London School of Economics, e um dos estudantes fez um estudo brilhante. Existe uma área na Índia, especializada em tecidos, onde o conhecimento é passado de geração a geração. Eles só produzem tecidos e são ótimos nisso.

A pesquisa mostrou que, nessa área, a boa qualidade dos tecidos pouco a pouco está diminuindo. A pergunta é por quê. O estudante começou a investigar o que acontecia na vila e descobriu que muitos dos trabalhadores tinham câncer. Além disso, muitos estão sofrendo, e a próxima geração também, já que as técnicas são passadas de geração a geração. Além disso, muitos estão morrendo por volta dos 45 e 50 anos. Ele também descobriu que o rio em que lavam os tecidos é o mesmo do qual tiram a água para beber. Portanto, trata-se de um problema de processo.

Lavam os tecidos em um lado do rio e, no outro, tomam banho e bebem a água. O rio está totalmente poluído. É uma tragédia humana.

O que pode ser feito em relação a isso?

Esse pesquisador ficou interessado, mas o governo local não deu a mínima importância. O governo central – que significa federal na Índia – também não se importou com isso. Mas esse pesquisador foi selecionado como membro da London School of Economics.

Assim que isso aconteceu, eu o pressionei e disse: "Olha, você pode escrever artigos acadêmicos sobre todas essas coisas, mas isso não vai ajudar em nada. O que deve fazer é escrever uma coluna no *Economic Times of India,* na linguagem do jornal, e discutir essa questão; assim, as pessoas vão começar a se conscientizar. Como você é membro da London School of Economics, elas vão escutá-lo. Elas vão falar sobre isso e comentar a respeito da pesquisa que foi feita."

Finalmente, ele está conseguindo chamar atenção, e os governos local e central estão se envolvendo, porque querem salvar a indústria.

Você é de Bangladesh, mas foi educado na Índia. Até que ponto você acha que suas raízes em Bangladesh e o tempo que passou na Índia afetaram o modo como pensa?

Nasci em Bangladesh como hindu. Como você sabe, a discriminação em Bangladesh é baseada na religião. Índia, Paquistão e Bangladesh são divididos pela religião. Infelizmente, quando a independência aconteceu, nem todos os hindus moravam em Bangladesh ou na Índia, assim como nem todos os muçulmanos viviam no Paquistão. Não era assim. O Paquistão ainda tem de 8 a 10% de hindus, a Índia ainda tem 10% de muçulmanos e Bangladesh, 10% de hindus.

Se encontrei alguns desafios vivendo em Bangladesh? Certamente, mas, por outro lado, se você quer saber, alguns dos meus melhores amigos em Bangladesh são muçulmanos. E isso me deu certa vantagem quando passei a morar nos Estados Unidos. Quando enfrentava algumas discriminações, tirava de letra, pois já tinha enfrentado o mesmo tipo de desafio, até mesmo pior, em Bangladesh.

Como mudar para os Estados Unidos alterou sua mentalidade?

A diferença entre eu e meu filho, nascido nos Estados Unidos, é o fato de eu ter nascido em Bangladesh, entre os mais pobres dos pobres, naquela época, e ter como única arma a minha educação. Meu pai me deu somente uma coisa: educação. Então, quando me formei no Indian Institute of Technology, com a educação, a atmosfera do IIT e a formação do IIT, o que tinha em mente era que é possível mudar o mundo. Se você sonha, pode mudar o mundo, mas o tamanho do seu sonho só depende de você.

Assim, quando me mudei para cá, tinha grandes planos, pois acreditei nos Estados Unidos no momento em que cheguei. E, quando se tem grandes planos, o que se quer é mudar o mundo.

O que você gostaria de dizer para os gestores do mundo?

Eu gostaria de reiterar o que falei sobre aqueles passos simples, o que naturalmente nos leva de volta à ideia da qualidade. Acredito que qualquer gestor, em qualquer posição, independentemente da empresa em que trabalha, deve praticar três coisas todos os dias: escutar, aprimorar e otimizar.

Escute a sua família. A família pode ser seus filhos, as pessoas que você ama, um cônjuge e assim por diante. Escute seus clientes internos. Escute seus funcionários, outro gestor, um subordinado ou seu chefe; escute-os com atenção. Nossa sociedade fala muito mais do que escuta. Tente escutar.

Depois que se aprende a ouvir o cliente interno e o externo, tudo fica mais fácil. Se você não consegue escutar seus clientes internos, não vai conseguir com os externos. Você não consegue satisfazer seus clientes externos se há tensão na sua empresa; você não consegue ser bem-sucedido externamente. Escute tanto os clientes internos quanto os externos.

Todo mundo finge escutar os clientes externos, mas, na verdade, as pessoas não conseguem fazer isso, porque não escutam de fato os clientes internos. Escutar é o elemento mais importante, e é interessante que você saiba desenvolver essa habilidade.

E os outros dois passos?

Segundo, o aprimoramento. Quando falo de aprimoramento, me refiro a uma melhoria contínua e, novamente, tentiva de aprimorar sua comunidade. Tente aprimorar sua família. Tente aprimorar a vida de um amigo. Se você conseguir fazer isso, poderá aprimorar sua empresa. No entanto, se fracassar, se não se envolver com a comunidade ou com sua família, vai ser impossível aprimorar uma organização. Esse é o segundo passo.

E o terceiro passo?

O terceiro é otimizar. Otimizar significa pelo menos tentar uma mentalidade perfeita. Ou seja, quem não acredita que a perfeição é alcançável, jamais vai conseguir realizar alguma coisa. John F. Kennedy decidiu que os Estados Unidos seriam os primeiros a pisar na Lua; e é por isso que o país conseguiu. Se ele não tivesse o sonho, talvez isso não tivesse acontecido. Se todos os gestores realmente acreditassem na perfeição, conseguiriam realizar o que quisessem.

Pratique esses três elementos: escute, aprimore e otimize. Se realmente conseguir colocar em prática essas ideias, será um gestor muito melhor e adicionará valor e qualidade de prática à empresa. Se conseguir praticar essas três coisas, então estará praticando qualidade. Mudará a sociedade para melhor. Esse é o meu conselho. Isso se aplica a qualquer gestor, em qualquer empresa: seja na área da saúde, da política, seja qual for.

CAPÍTULO 5

Inovação ao estilo indiano
De VG a *Jugaad*

"Na maioria das empresas, ideias não faltam. O que acontece é que elas confundem criatividade com inovação. A inovação não tem muito a ver com o quão criativo você é. Inovação é a comercialização da criatividade. Como disse o grande inventor Thomas Edison, a inovação é 1% inspiração e 99% transpiração. As pessoas se ocupam com inspiração e criatividade (e há muitas ideias nas empresas!), e acabam esquecendo os 99% de transpiração", reflete Vijay Govindarajan.

Govindarajan, conhecido como VG, ocupa a cadeira de Professor de Administração Internacional Earl C. Daum 1924, na Tuck School of Business da Dartmouth College, em New Hampshire. Seus livros incluem *Reverse Innovation, Ten Rules for Strategic Innovators* e *The Other Side of Innovation,* todos em coautoria com Chris Trimble.

Em 2008, Govindarajan pediu um afastamento da Tuck para trabalhar na General Electric (GE) por 24 meses, como o primeiro professor residente da empresa e consultor-chefe de inovação. Na GE, Govindarajan trabalhou com o CEO Jeff Immelt para produzir o artigo "How GE Is Disrupting Itself", publicado na *Harvard Business Review* em setembro de 2009. O artigo, escrito com Immelt e com o colaborador de longa data Chris Trimble, introduziu o conceito de *inovação reversa,* segundo o qual, em oposição às expectativas tradicionais, a inovação parte de mercados emergentes e é trazida para os países desenvolvidos. A inovação reversa foi considerada uma das 10 maiores ideias da década pela *Harvard Business Review.* Em agosto de 2010, Govindarajan (com Christian Sarkar) escreveu sobre esta questão em um blog da *HBR*: Como você constrói uma casa bem planejada, segura e com preço acessível para as pessoas mais pobres do mundo? O resultado foi uma busca global para projetar uma casa de $ 300, ideia que ganhou o Thinkers50 Breakthrough Idea Award em 2011. Antes de entrar na Tuck, Govindarajan foi membro do corpo docente da Harvard Business School, da INSEAD e do Indian Institute of Management Ahmedabad. Recebeu um MBA com distinção e um doutorado da Harvard Business School. Antes disso, trabalhou como contador certificado na Índia, onde foi premiado com a President's Gold Medal por tirar o primeiro lugar em todo o país.

Quando conversamos com VG, falamos sobre a ideia que surgiu a partir de seu trabalho com a GE.

Você escreveu um artigo para a Harvard Business Review *em parceria com Jeff Immelt e com seu sócio Chris Trimble. Ele marcou uma mudança significativa na perspectiva sobre todo o processo de inovação. Qual foi a ideia por trás do artigo?*

As empresas globais, historicamente, fabricam produtos inovadores em seus mercados nacionais, o mundo desenvolvido, e levam esses produtos para os países em desenvolvimento. Escrevemos sobre *inovação reversa*, que é o contrário: inovar em mercados emergentes para depois levar essas inovações para os países desenvolvidos. Isso é o oposto de *glocalização* (palavra híbrida formada pela fusão de *global* com *localização*), a grande ideia da década de 1990, que foi definida como "pensar de modo global e agir localmente".

A glocalização simplesmente deixou de funcionar?

A glocalização funcionou porque as empresas americanas comercializavam seus produtos na Europa e no Japão, onde os consumidores são parecidos com os consumidores americanos. Essa abordagem não funciona em mercados emergentes, porque toda a estrutura desses mercados e os problemas dos consumidores são fundamentalmente diferentes. Por exemplo, vamos considerar o PIB *per capita* de dois países, os Estados Unidos e a Índia; não existe produto nos Estados Unidos, onde a renda *per capita* do mercado de massa é de $ 50.000, que possa ser adaptado e comercializado na Índia, onde essa renda é de $ 800.

Você pode nos dar um exemplo desse fenômeno na prática?

Pense no aparelho de ultrassom da GE, por exemplo. Nos Estados Unidos, um aparelho desses se parece com um eletrodoméstico. É imenso, volumoso, custa entre $ 100.000 e $ 350.000, e suas funções podem ser bastante complexas. Agora, pense na situação da Índia: 60% da população vive em áreas rurais pobres onde não existem hospitais. Assim, nesses lugares, é o hospital que tem de ir até o paciente. Isso significa que não se pode utilizar esses aparelhos imensos; eles precisam ser portáteis. A acessibilidade ao cliente também é diferente. As taxas que as pessoas pagam por um ultrassom nos Estados Unidos são inconcebíveis na Índia rural.

E isso levou à inovação reversa?

Resumindo, a GE criou um aparelho de ultrassom portátil e de baixo custo, em torno de $ 15.000, uma fração do valor dos aparelhos imensos comercializados nos Estados Unidos, e isso abriu um grande mercado na China e na Índia. Esse mesmo aparelho está vindo para os Estados Unidos, possibilitando novas aplicações. Esse é um ótimo exemplo de inovação reversa.

Isso também oferece à GE uma chance de expandir seus negócios na Índia?

Muitas empresas multinacionais, como a GE, tentaram vender seus produtos comercializados nos Estados Unidos em países mais pobres, como a Índia e a China. No entanto, como sempre, as aplicações e os preços desses produtos eram bem divergentes. Isso quer dizer que tinham acesso a apenas 1% do mercado nesses países. Mas isso está mudando, esses países agora vão representar uma grande oportunidade de crescimento para as empresas. Na verdade, acredito que, nos próximos 25 anos, os consumidores de países pobres vão representar grande crescimento para as multinacionais. É por isso que a inovação reversa é importante para a GE e para tantas outras empresas.

Isso levanta questões fundamentais para as empresas em todo o mundo. Por exemplo, onde essas empresas vão fazer suas pesquisas e desenvolver seus produtos no futuro?

Para multinacionais americanas e europeias, a grande mudança será centralizar onde a inovação acontece. O que representa um desafio organizacional, uma vez que os recursos devem ser aplicados onde as oportunidades estão. As empresas, portanto, terão de encontrar os locais adequados para localizar desenvolvimento de produtos, fonte e capacidade de marketing estratégico. Talvez isso represente a maior mudança de mentalidade para os líderes de multinacionais.

Há quanto tempo a GE tem praticado conscientemente a inovação reversa?

É um conceito relativamente novo. Diria que está sendo aplicado nos últimos cinco anos. Embora a Índia e a China tenham aberto suas fronteiras há 15 anos, somente nos últimos cinco é que as empresas do Ocidente começaram a desenvolver produtos com base no que os mercados emergentes precisam, querem e podem pagar.

Apesar desse exemplo, a impressão que se tem é de que nem todas as grandes empresas vão seguir o mesmo caminho. O que as detêm?

O grande problema para a implementação da inovação reversa nas grandes empresas é o histórico de sucesso que elas apresentam. A glocalização, ou a venda de produtos globais com algumas adaptações para mercados locais, exige uma estrutura organizacional diferente. Quanto mais a empresa for bem-sucedida (quanto mais aplica grande parte dos recursos corporativos) na glocalização, mais difícil será realizar um bom trabalho na inovação reversa. Este talvez seja o maior obstáculo: o histórico de sucesso. Mais empresas provavelmente vão seguir esse caminho conforme surgirem mais exemplos bem-sucedidos, como o aparelho de ultrassom portátil de baixo custo.

A GE encontrou esses obstáculos na sua própria cultura organizacional?

Sim, sem dúvida. Temos um exemplo disso: cinco anos atrás, sob o modelo de glocalização, a principal responsabilidade do diretor da GE Healthcare na Índia era distribuir produtos globais. Se ele tivesse que criar um novo conceito para resolver os problemas relacionados à saúde dos seus clientes indianos, teria que fazer isso nos finais de semana, pois, durante a semana, estaria envolvido na venda de produtos globais. Mesmo que esse diretor tivesse escrito uma proposta no final de semana, ele precisaria da aprovação do diretor de produtos globais em Milwaukee, alguém que provavelmente nunca visitou a Índia e não entende os problemas dos moradores rurais. Caso conseguisse convencer o diretor, ainda precisaria convencer muitas outras pessoas. Assim, a implementação da inovação reversa representava um grande desafio organizacional.

O que mudou na GE? O que é preciso para que uma empresa implemente a inovação reversa?
Como isso acontecia com frequência, a GE foi obrigada a passar por uma transformação cultural que começou pelo alto escalão da empresa. Jeff Immelt, presidente e CEO da General Electric, por exemplo, visita regularmente a Índia e a China e espera que outros CEOs façam o mesmo. Quando Immelt senta-se com o primeiro-ministro da China para discutir as principais prioridades nacionais, ele recebe informações em primeira mão sobre as oportunidades no país. Esse tipo de comportamento desenvolvido por CEOs é o ponto de partida de uma nova transformação cultural. Immelt foi quem demonstrou a necessidade que a GE tinha de adotar a inovação reversa e convenceu o restante da empresa a apoiar seu ponto de vista.

Os líderes empresariais americanos compartilham da visão de Immelt? Afinal, uma das estatísticas mais surpreendentes da nossa era global é que somente 25% dos americanos possuem passaportes.
Bem observado. Os líderes empresariais ocidentais devem reconhecer que agora têm um papel diferente dentro de suas empresas; eles precisam criar uma nova mentalidade dentro de suas organizações. Acho que as grandes empresas, com líderes de pensamento global, vão conseguir vencer nesta nova era, em que a oportunidade passou de mercados desenvolvi-

dos para mercados em desenvolvimento. Há 15 anos, quando as empresas pensaram em estratégia global, o foco ia da Europa para os Estados Unidos, o Japão e o resto do mundo. Mas a estratégia global mudou. Daqui para frente, eles precisam pensar em sua estratégia para os países do BRIC (Brasil, Rússia, Índia e China), Oriente Médio, África e, então, para o resto do mundo. O "resto do mundo" agora passou a ser os Estados Unidos, a Europa e o Japão; essa é a mudança que vai fazer todos os líderes empresarias pensarem como a GE.

E quando eles pensarem?
Você identificou o que provavelmente será o maior desafio para as multinacionais americanas. Elas têm vários talentos, mas esses talentos possuem mentalidade global? Acredito que o grande desafio para os americanos e para outros CEOs de multinacionais é incorporar essa mentalidade.

Você acha que esse será o legado de Jeff Immelt?
Uma das coisas mais incríveis sobre a General Eletric é que ela é uma empresa de mais de cem anos, e a única maneira para uma empresa sobreviver tanto tempo é se atualizar em termos de produtos e soluções. Esta é a característica mais marcante da GE: estar sempre disposta a se atualizar e a adotar novas maneiras de competir. Nesse sentido, todo CEO eficiente traz um novo quadro estratégico para a empresa que lidera, não porque o último era irrelevante, mas porque ele está diante de um novo ambiente, um novo mundo. O quadro estratégico que Immelt está colocando em prática (sem perder o desempenho e a

disciplina que Jack Welch trouxe) consiste em adicionar inovação ao fornecimento. O legado de Immelt será avaliado pela forma como ele conseguiu incorporar a inovação em uma empresa conhecida por sua eficiência.

Você desempenha um papel único dentro de uma empresa moderna: professor residente. Como isso aconteceu?

Cerca de 10 anos atrás, fiz a palestra de abertura de uma conferência em que Susan Peters, diretora de aprendizagem da GE, também era palestrante. Gostei muito de sua palestra e fui cumprimentá-la. Ela então me perguntou com o que eu trabalhava, e falei sobre meu trabalho em inovação reversa. Cinco anos depois, conheci Immelt, quando ele deu a aula *magna* na Dartmouth College, onde eu era membro do corpo docente da Tuck School of Business. Em uma reunião de meia hora, contei a ele sobre meu trabalho em inovação. Então, quando Immelt e Peters pensaram em trazer um acadêmico para oferecer novas ideias, lembraram-se de mim. Tive muita sorte, pois poucos acadêmicos conseguem uma oportunidade como essa.

O que o seu trabalho na GE envolve?

Envolve três coisas: ensinar, orientar e oferecer consultoria. Ensino aos 600 melhores funcionários da GE as melhores ideias em inovação. A diferença entre minhas atividades é basicamente o foco. Quando ofereço consultoria, trabalho em poucos projetos; quando oriento, falo com vários executivos da GE sobre os problemas que enfrentam. Não há um dia igual ao outro. E trabalhar com a GE é muito gratificante. Possivelmente, a oportunidade de crescimento intelectual mais desafiadora que já tive.

Isso o surpreendeu?

Nunca pensei que uma única pessoa poderia causar tanto impacto, principalmente em uma grande empresa como a GE, com mais de 300 mil funcionários, e isso de fato me surpreendeu. Por incrível que pareça, embora não tenha um título importante na empresa, um grande orçamento ou um grande negócio para gerenciar, descobri que, como forasteiro, tenho certas vantagens que uma pessoa de dentro não tem. Acredito que posso fazer a diferença na GE. Estou na empresa como acadêmico e as pessoas sabem que meu ponto de vista é imparcial.

Você ficaria tentado se lhe oferecessem um cargo em período integral? Os títulos importantes e os grandes orçamentos lhe interessam?

Na verdade, a experiência nesse cargo apenas me convenceu de que não quero fazer essas coisas. Como diz o ditado: aqueles que sabem fazer, fazem; aqueles que não, ensinam. Como não sei, leciono. De certa forma, seu poder de convencimento perece maior quando você não faz parte do quadro fixo de funcionários de uma empresa. Como seu interesse é puramente profissional, as pessoas o escutam de fato. Já alguém de dentro dificilmente terá esse privilégio.

Parece que você permaneceu fiel às suas origens.

Os anos de formação são importantes, pois são eles que guiam e moldam as pessoas. No meu caso, porém, tive grande influência do meu avô. Ele me ensinou a ser ambicioso e me fez acreditar que, de certa forma, poderia fazer tudo o que quisesse. E foi essa ambição que provavelmente me trouxe até aqui, até mesmo a essa oportunidade na GE. Poderia ter ficado trabalhando tranquilamente como professor universitário, mas o fato de estar na GE me elevou a outro nível.

A inovação do improviso

Inspirações para inovação vêm de lugares inesperados. Pense, por exemplo, na inovação *jugaad* (ou inovação do improviso) e em seu principal criador, Navi Radjou. Radjou é membro da Cambridge Judge Business School, onde foi diretor executivo do Centre for India & Global Business. Também é coautor dos livros *Jugaad Innovation: Think Frugal, Be Flexible, Generate Breakthrough Growth*, publicado em 2012 em parceria com Jaideep Prabhu e Simone Ahuja, e *From Smart to Wise*, publicado em 2013 em parceria com Prasad Kaipa. Em 2013, ganhou os prêmios Thinkers50 India Innovation Award e Innovation Award.

> *Qual é a grande ideia por trás da inovação do improviso ou inovação jugaad?*
>
> O objetivo da inovação *jugaad* é fornecer uma alternativa ao modelo tradicional de inovação predominante no Ocidente. Se observarmos a abordagem à inovação em economias desenvolvidas, como Estados Unidos, Europa e Japão, nos últimos 50 anos, a fórmula tem sido basicamente a mesma. Em geral, envolve grandes orçamentos e laboratórios sofisticados de P&D.

Às vezes, demoram muitos meses, até mesmo anos, para os pesquisadores desenvolverem ótimos produtos. No entanto, muitos acabam tendo péssimos resultados no mercado.

Investir em projetos de P&D caros não os torna inovadores, tampouco bem-sucedidos. Isso passou a ser ainda mais importante após a crise econômica que teve início em 2008, quando as empresas ficaram praticamente sem dinheiro. Foi nesse momento que começamos a buscar um modelo diferente de inovação; um que continuasse a ajudar as empresas a criar novos produtos e serviços, mas que também fosse mais acessível e sustentável.

Assim, passamos a olhar para os mercados emergentes como inspiração para esse novo modelo de inovação. Voltamos nossa atenção principalmente para a Índia, onde a economia é bastante complexa e há escassez generalizada de recursos. E descobrimos que, embora exista muita escassez de recursos nesses mercados emergentes, as pessoas são engenhosas. Elas exploram algo que têm em abundância: sua engenhosidade. Em poucas palavras, a mentalidade *jugaad* é aquela inventividade que as pessoas utilizam para produzir produtos e serviços simples que proporcionam maior valor para a comunidade com custos mais baixos. Por exemplo: uma geladeira feita inteiramente de barro que não consome energia elétrica, incubadoras portáteis e de baixo custo para bebês prematuros, um serviço móvel que permite transferir e/ou receber dinheiro sem ter uma conta bancária, ou um painel de publicidade que converte a umidade do ar em água potável. E a lista continua.

Essa é uma nova abordagem à inovação, bastante econômica e sustentável. Também é muito ágil, pois você tem produtos e serviços oferecidos de maneira muito mais rápida, além de ser inclusiva, por acrescentar valor a um segmento da comunidade que tradicionalmente ficaria de fora da economia.

E qual a origem do termo jugaad?
Jugaad é uma palavra do idioma Punjabi, um dos muitos idiomas falados na Índia. Literalmente, descreve um veículo improvisado construído por moradores usando quaisquer peças que eles encontrem. É uma coisa no estilo Frankenstein: a parte de trás do veículo é um carro de boi e a da frente, um motor de trator. É um modo de transportar pessoas das vilas para as cidades sempre que precisam. É basicamente um veículo construído apenas para essa finalidade a partir da junção de partes avulsas.

Jugaad, portanto, não é a habilidade de reinventar a roda o tempo todo, mas de olhar as coisas à sua volta e aproveitá-las ao máximo.

A palavra jugaad pode ser traduzida para o inglês ou outras línguas?
Em inglês, a expressão mais próxima pode ser DIY (*Do-It-Yourself* – faça você mesmo). No campo das ciências sociais, há um termo famoso introduzido por Claude Lévi-Strauss, antropólogo francês bastante conhecido nos anos 1960. Ele chamou esse processo de *bricolage* (bricolagem), e esse termo tem sido utilizado em várias faculdades de administração do Ocidente com o significado de "improvisação engenhosa" ou

algo parecido. DIY ou bricolagem seriam termos ocidentais equivalentes a essa noção de jugaad. O Maker Movement (ou Movimento Maker) cada vez maior no Ocidente, incorpora justamente esse espírito engenhoso do "faça você mesmo".

Jugaad é um ótimo conceito e o seu timing foi perfeito. Mas como você encontra as empresas que estão praticando essa teoria?

Na verdade, foi uma coincidência ou confluência muito interessante de diferentes fatores e pessoas. No meu caso, comecei minha carreira nos Estados Unidos, no final dos anos 1990, como analista na Forrester Research, ajudando empresas ocidentais a se tornarem mais inovadoras. No início dos anos 2000, comecei a prestar atenção no que estava acontecendo na Índia, principalmente nos serviços inovadores oferecidos por empresas de serviços de TI, como a Tata Consultancy Services e a Infosys. Como visitante regular da Índia, comecei a interagir com dezenas de empresários e empresas inovadoras de lá durante cada visita. Foi então que conheci o Tata Group, que na época estava começando a desenvolver o carro Nano de $ 2.000. Para ser sincero, inicialmente não considerei o Nano algo inovador, pois ainda tinha em mente o modelo de inovação ocidental dominante com o qual fui treinado. Estudei na França, um país famoso por sua inovação científica centrada em P&D, e tudo o que sabia sobre inovação foi contestado em mercados emergentes como a Índia, onde vi pessoas de poucos recursos chegarem a diversas soluções inteligentes, como o Nano.

A princípio, rejeitei a abordagem e as soluções indianas, pois as considerava saídas de baixo custo que não se classificavam como inovação. Mais tarde, porém, comecei a repensar sobre o real significado de inovação, e percebi que o importante em qualquer inovação é criar mais valor para as pessoas. Esse realmente é o objetivo e, a partir dessa perspectiva, entendi que muitas das soluções simples desenvolvidas na Índia e em outros mercados emergentes de fato agregam valor à comunidade local.

Foi então que percebi a necessidade de formalizar essa abordagem simples e flexível à inovação, pois um dos desafios em mercados emergentes é a grande quantidade de conhecimento tácito inexplorado. As pessoas têm praticado a mentalidade *jugaad* por séculos, se não milênios, então elas não entendem o que há de tão interessante nela a ponto de ser válido estudá-la e compartilhá-la com o resto do mundo. Mas, para mim, como pesquisador com uma perspectiva global, isso era muito animador, e vi na mentalidade *jugaad* a solução para o nosso mundo de recursos limitados.

Quando comecei a estudar o fenômeno *jugaad*, ingressei na Cambridge University, em 2009, para criar o Centre for India & Global Business com o professor Jaideep Prabhu, da Judge Business School. No Centre for India & Global Business, pudemos estudar rigorosamente os novos modelos e as práticas de inovação em mercados emergentes e trazê-los para o mundo ocidental. Jaideep se tornou meu parceiro nessa jornada. E logo se juntou a nós uma terceira protagonista, Dra. Simone Ahuja. Simone era produtora de cinema e estava fazendo um documentário sobre inovações de base nas vilas indianas, do qual participei como consultor. E foi assim que nos unimos. Acabamos formando um ótimo trio: eu com minha experiência em consultoria, trouxe a experiência prática; Simone trouxe grandes habilidades criativas, como narração de histórias e sensibilidade visual; e Jaideep trouxe rigor acadêmico. Assim, combinamos essas qualidades individuais para produzir em conjunto o livro *Jugaad Innovation*.

Percebemos que encontrar exemplos da inovação jugaad em empresas menores e comunidades indianas é relativamente fácil. Mas e em empresas maiores? Imaginamos que as empresas indianas de maior porte tenham mais essa orientação jugaad do que suas competidoras ocidentais.

Com certeza. *Jugaad* é mais uma mentalidade do que uma metodologia, e essa mentalidade simples e flexível predomina e se manifesta em empresas dos mais diversos setores e tamanhos. Ela é praticada por empresas sem e com fins lucrativos, por empreendedores de base em vilarejos bem pequenos, por grandes corporações, como a Tata Group, e por filiais de empresas multinacionais, como a Siemens e a Unilever, que operam em mercados emergentes, como a Índia.

Você vê a inovação jugaad sendo colocada em prática em outras economias emergentes? É algo que realmente funcionaria no Ocidente?

Vamos falar sobre o Ocidente em seguida, mas a mentalidade jugaad certamente é praticada em muitas outras economias emergentes. África e Brasil são as mais próximas, assim como a China. Ela é chamada de *kanju* na África, e de *gambiarra* no Brasil. Os chineses chamam de *jiejian chuangxin* (inovação frugal). A China é frequentemente acusada de copiar a inovação ocidental, mas agora há um grande esforço por parte do governo chinês para incentivar a uma inovação nativa, inspirada pelas necessidades locais, que crie maior valor a um baixo custo para os chineses.

Jugaad também é bastante predominante na China, no modo como os empreendedores e as empresas locais podem rapidamente chegar a novos produtos e serviços por desenvolverem soluções de maneira muito simples e ágil. De modo semelhante, na África há vários tipos de abordagens *jugaad*, como a utilização de uma bicicleta para recarregar um telefone celular. O fascinante é que cada vez mais empresas multinacionais estão mudando radicalmente a maneira como inovam em mercados emergentes, como a África, ao adotar esse tipo de mentalidade.

Meu exemplo preferido é a IBM. Os pesquisadores do novo laboratório da IBM em Nairobi, Quênia, estão fazendo algo incrível que realmente reproduz a ideia do *jugaad*. É uma combinação de aspectos rudimentares e de alta tecnologia. Com câmeras de baixa resolução, eles estão coletando dados sobre as condições do tráfego nas ruas de Nairobi e analisando-os com algoritmos de software altamente tecnológicos para prever engarrafamentos e otimizar o andamento do trânsito. Acho isso um ótimo exemplo de inovação *jugaad*, pois você usa o que tem – câmeras de baixa resolução – e, em vez de substituir seus recursos por versões mais modernas, o que seria caro, começa a adaptá-los adicionando esses algoritmos de software, desenvolvidos de forma rentável pelo grupo de programadores da IBM.

Essa combinação está criando soluções incríveis e muito mais acessíveis aos quenianos do que se tivessem optado por uma solução de alta tecnologia.

Nas grandes economias ocidentais, vemos a inovação *jugaad* decolando graças ao Maker Movement, com a impressora 3D e a filosofia DIY de criação e reutilização de objetos. Meu palpite é que a revolução *jugaad* no Ocidente é mais voltada para a tecnologia, enquanto nos mercados emergentes é um movimento menos tecnológico. No Ocidente, ela pode ser alimentado por essas tecnologias DIY emergentes, como a impressora 3D, que está se tornando democratizada e mais acessível.

Conforme essas tecnologias DIY se tornam mais difundidas e integradas às ferramentas de redes sociais, elas vão fornecer uma plataforma para que os cidadãos comuns possam compartilhar suas criações de maneira colaborativa. No entanto, a filosofia *jugaad* é a mesma nos mercados emergentes e no Ocidente: consiste em explorar a engenhosidade de cada um para improvisar soluções criativas. A diferença é que as ferramentas do Ocidente são um pouco mais tecnológicas que as dos mercados emergentes.

De certa forma, já estamos vendo isso acontecer nos casos em que pequenos programadores usam sua criatividade para desenvolver aplicativos de baixo custo. A tecnologia está criando novas perspectivas para a inovação jugaad.

Sim, isso já está acontecendo. Os smartphones estão se tornando a nova plataforma para os empreendedores do Maker Movement desenvolverem soluções de hardware acessíveis. Veja a *start-up* CellScope, por exemplo, uma *spin-off* da Berkeley University na Califórnia. A CellScope criou acessórios que, quando anexados, transformam seu iPhone em um otoscópio ou dermatoscópio. Se seu filho está se queixando de dor de ouvido, você pode inserir o otoscópio no ouvido dele e ver se há uma infecção. Não é preciso ir ao hospital, o que economiza tempo, e o acessório custa uma fração do valor do aparelho mais barato utilizado pelo médico. Nos próximos anos, vejo os smartphones se tornando uma plataforma de hardware de baixo custo útil para desenvolver todos os tipos de soluções acessíveis nas indústrias que mais precisam desse tipo de ferramenta, como a da saúde.

Então, quais são os conselhos para quem trabalha em uma corporação multinacional?

Primeiro, precisamos trazer de volta o princípio da simplicidade, KISS (*Keep it Simple, Stupid* – algo como "não complica"). No Ocidente, temos a tendência de complicar as coisas. Nossa filosofia atual de P&D é: por que facilitar quando podemos dificultar? A primeira lição é que temos que mudar do que chamo de mentalidade do *just in case* para uma abordagem *just in time* que produza soluções boas o suficiente. Deixe-me explicar o que quero dizer com isso. Foi divulgado que muitos dos recursos dos aplicativos da Microsoft Office nunca são utilizados. Os engenheiros da Microsoft sobrecarregaram o Office com recursos que poderiam ser usados caso os usuários precisassem deles em algum momento – o que nunca aconteceu! Em vez de criar uma solução boa com os recursos realmente necessários aos usuários, a Microsoft acabou produzindo um software gigantesco, que é muito inchado, caro e complexo. Eles precisam mudar sua abordagem e se perguntar: qual é o conjunto mínimo de recursos que os usuários realmente precisam, de modo que possam aproveitar o software ao máximo? Primeiro, você se concentra em oferecer apenas isso, e depois vai implementando mais recursos ao software de acordo com a necessidade dos usuários.

Pode nos dar um exemplo disso?

O Salesforce.com é um grande praticante dessa abordagem: eles adicionam (ou removem) dinamicamente os recursos de acordo com os dados de entrada dos clientes em tempo real. Assim, a lição é: não lance logo de cara uma solução exagerada e muito complexa, pois isso vai acabar distanciando um grande número de usuários. Comece com algo simples ou bom o suficiente, por assim dizer, e depois vá melhorando-o de forma iterativa. Essa é uma lição fundamental.

Mais algum conselho para os executivos?

A segunda lição é fazer parcerias. Acredito que um dos motivos pelos quais as empresas localizadas em mercados emergentes são tão boas em inovar de forma mais rápida e barata é que elas dependem muito de terceiros. Elas se aprofundam em comunidades locais e criam soluções em conjunto com muitos parceiros dali mesmo. Grandes empresas ocidentais acham que podem fazer tudo internamente.

Eu diria para abrirem suas portas e considerarem os fornecedores e a sua comunidade local como cocriadores, em vez de tentar fazer tudo sozinhas.

E o terceiro conselho?

O terceiro conselho envolve liderança. Os líderes precisam criar um espaço e um momento para que os funcionários possam inovar – um playground onde eles possam se divertir. O Google soube fazer isso. A meu ver, a mentalidade *jugaad* tem uma magia infantil. Lembre-se de que criatividade e ingenuidade andam juntas, o que implica inocência e uma sensação de encantamento.

Os funcionários conseguem chegar às soluções mais inovadoras quando não são sobrecarregados pelos rígidos processos e estruturas das empresas. As grandes empresas atualmente funcionam de maneira muito controlada e, para criarem um ambiente mais descontraído, precisam transformar o local de trabalho em um lugar divertido. A Ford é uma empresa que soube fazer isso muito bem. Em Detroit, ela fechou uma parceria com a TechShop. Essa empresa forneceu uma plataforma de criação que foi colocada em um armazém, transformado em um grande playground onde os funcionários da Ford podem ir em seu tempo livre – à noite e aos finais de semana – para brincar com impressoras 3D e outras tecnologias de DIY, sem quaisquer restrições. É um ambiente onde podem desenvolver projetos criativos à vontade.

Devido a esse processo, os engenheiros da Ford agora apresentam ideias muito inovadoras que não teriam sido desenvolvidas em um ambiente formal e com maiores restrições, como um laboratório de P&D. Graças a essa iniciativa, a Ford conseguiu aumentar o número de ideias patenteáveis em 50%, e ainda reduziu os gastos com P&D em uma porcentagem significativa. Eles literalmente conseguem inovar muito mais com muito menos.

Para mim, este é o terceiro conselho: o *jugaad* surge apenas em ambientes informais. A inovação se torna bastante incremental se mais processos forem adicionados e se o ambiente for mais estruturado. As pessoas dão pequenos passos e são sempre cautelosas. Mas quando os funcionários têm a liberdade para pensar e agir como crianças em um playground, eles não estão nem aí para as regras; eles se divertem e tentam quebrá-las. É assim que você consegue uma inovação diruptiva.

A inovação se tornou algo muito sério entre as empresas. É preciso reavivar esse lado divertido. As empresas precisam trazer de volta o elemento mágico e divertido da inovação.

Quais são seus próximos trabalhos?

Estou muito animado, porque estou trabalhando em dois grandes projetos relacionados ao *jugaad*. Primeiro, estou organizando uma exposição, patrocinada por uma grande empresa europeia, que vai exaltar a engenhosidade humana na sua forma mais pura. Vamos mostrar como os cidadãos comuns, os empresários e as empresas visionárias de países desenvolvidos e em desenvolvimento estão inovando de maneira simples, flexível e inclusiva para chegar a soluções acessíveis e sustentáveis que atendam às necessidades mais urgentes em nossas sociedades.

Estou muito feliz por compartilhar esse tipo de mensagem otimista, pois isso pode inspirar as pessoas a usar sua própria inventividade para resolver problemas urgentes em suas comunidades locais.

O segundo grande projeto no qual estou trabalhando é um livro sobre a inovação frugal, uma sequência do *Jugaad Innovation,* mas com maior foco no mundo desenvolvido. Esse novo livro vai mostrar de que forma as economias ricas – como Estados Unidos, Europa, Japão, Coreia do Sul, Cingapura e Austrália – estão adotando a inovação frugal para resolver as necessidades de cidadãos conscientes dos custos e preocupados com o meio ambiente.

Temos estudos de casos muito legais de empresas que estão praticando a inovação frugal, especialmente na França e na Europa, e isso me deixa perplexo. Passei os últimos 15 anos nos Estados Unidos e vi muitas das grandes ideias do passado partirem daqui, como a inovação aberta. A P&G é uma empresa americana que foi pioneira na inovação aberta em 2000. Mas o curioso é que, desta vez, acho que a Europa está à frente dos Estados Unidos na prática da inovação frugal. Acho isso empolgante, pois sou um cidadão francês e tenho coletado estudos de casos incríveis sobre os pioneiros europeus da inovação frugal, como Pearson, Unilever, Siemens e Renault-Nissan; a lista continua. Estou realmente surpreso por ainda não ter encontrado alguma grande empresa americana aplicando a inovação frugal, embora um número crescente de empreendedores nos Estados Unidos já estejam fazendo isso.

Esse fato me preocupa porque admiro as empresas americanas e sempre vi a economia dos Estados Unidos como criadora de tendências globais. Mas, ultimamente, percebo que essas empresas não estão pensando grande o suficiente. Sinto que se tornaram um pouco complacentes demais. Se assim for, elas têm que ter cuidado, pois podem estar perdendo a inovação frugal – uma grande tendência que está começando a surgir. As empresas americanas, principalmente as multinacionais, têm de olhar para o que acontece não só em mercados emergentes dinâmicos, como a Índia e a África, mas também no que eles chamam de Velha Europa, que acredito estar finalmente despertando.

CAPÍTULO 6

Vozes globais
Pankaj Ghemawat e Anil K. Gupta

Além de apresentar novas ideias sobre arquitetura organizacional, micromercados emergentes e inovação, os gurus indianos da administração trazem uma nova perspectiva sobre a globalização. De um ponto de vista puramente ocidental, o mundo pode parecer muito plano, mas, para aqueles com um pé no mundo desenvolvido e outro enraizado no mundo em desenvolvimento, o quadro é muito mais complexo.

Por terem deixado sua terra natal e ido para o Ocidente, muitos dos pensadores indianos que conhecemos estão conscientes de que a globalização possui diferentes conotações, dependendo do lugar onde se está. Ela pode ser uma oportunidade ou uma ameaça. E também pode ser superestimada.

Globalização 1.0

Pankaj Ghemawat é um pensador indiano que está desafiando a crença generalizada sobre o mundo. Ghemawat foi nomeado para o Thinkers50 Global Solutions Award de 2013 pelo seu relatório "Global Connectedness Index". Trabalha na Stern School of Business, em Nova York, e na IESE Business School, na Espanha. Antes disso, foi o mais jovem professor titular já nomeado na Harvard Business School.

Seu livro *World 3.0** ganhou o Thinkers50 Business Book Award de 2011. Conhecido por seu trabalho focado em globalização, Ghemawat também publicou *Games Businesses Play* (1997), *Creating Value Through International Strategy* (2005), *Redefining Global Strategy*** (2007) e *Strategy and the Business Landscape**** (2009).

No livro *World 3.0: Global Prosperity and How to Achieve It* (2011), Ghemawat examina a globalização e as suposições feitas sobre ela. Ele refuta a ideia de que há somente uma economia global, premissa do livro *The World Is Flat*, de Thomas Friedman, publicado em 2006. Ele argumenta que, com base em diversas medidas e indicadores econômicos, as nações estão muito mais desconectadas do que acreditamos. Ghemawat diz que, na melhor das hipóteses, vivemos em um mundo semiglobalizado.

Argumenta ainda que as diferenças regionais existem e devem ser consideradas, e que a desigualdade e as diferenças existentes entre as regiões são uma fonte potencial de vanta-

---

*N. de E.: Publicado em língua portuguesa pela Bookman Editora sob o título *Mundo 3.0*, 2012.
**N. de E.: Publicado em língua portuguesa pela Bookman Editora sob o título *Redefinindo Estratégia Global*, 2008.
***N. de E.: Publicado em língua portuguesa pela Bookman Editora sob o título *A Estratégia e o Cenário dos Negócios*, 2012.

gem comercial. Conversamos com ele sobre sua perspectiva sobre a globalização.

Seu livro é intitulado World 3.0, *portanto você partiu do princípio de que havia algo de errado com o mundo 1.0 e 2.0.*

Bom, vamos começar pelo mundo 1.0. Quando estava na faculdade, fiz um curso com Martin Feldstein sobre macroeconomia, e, no último dia do curso, ele nos disse "bem, é ótimo que vocês tenham absorvido todos esses modelos, mas todos são modelos econômicos fechados; se quiserem fazer macroeconomia avançada, é algo totalmente diferente". A meu ver, isto é mundo 1.0: reconhecer que existem interações transfronteiriças, mas ainda fazer de conta que podemos compreender a realidade pensando nos países como autônomos.

E do mundo 1.0 passamos para o mundo 2.0?

Na verdade, o mundo 2.0 ainda está presente. É a crença oposta ao mundo 1.0, pois afirma que as fronteiras nacionais são totalmente irrelevantes e que a integração transfronteiriça está quase completa.

Essa é a perspectiva de Tom Friedman, de que o mundo é plano?

Recentemente, fiz uma pesquisa na plataforma online da *Harvard Business Review*: pedi que as pessoas escolhessem entre três diferentes visões de mundo. Das pessoas que responderam, 62% selecionaram a caracterização de mundo de Friedman, na qual as fronteiras não importam, a distância é irrelevante, os idiomas não afetam em nada e assim por diante.

Você argumenta que o mundo não é tão plano assim como Friedman diz.

Exato. Acho que a maioria das pessoas reconhece que ainda há algumas barreiras, mas o interessante é ver, a partir das respostas da pesquisa, quantas pessoas consideram essas barreiras algo sem importância ou trivial. Gostaria que as pessoas focassem nos países nos quais têm interesse pessoal e tentassem realmente entender a estrutura das relações econômicas internacionais desses países. Veja os Estados Unidos, por exemplo.

O maior parceiro comercial bilateral dos Estados Unidos não é a China; é o Canadá. O Canadá é também o maior fornecedor de petróleo para os Estados Unidos. Além disso, ele é um dos dois principais países para os quais os cidadãos norte-americanos fazem telefonemas. E, no entanto, o Canadá certamente não é a segunda maior economia do mundo.

Os telefonemas internacionais, na verdade, representam somente 2% do total de telefonemas efetuados, o que é um choque para as pessoas que acreditam em um mundo globalizado.

O ponto fundamental é que esses níveis de interações transfronteiriças são muito mais baixos do que se espera em um mundo totalmente integrado, e eles também são muito mais baixos do que as pessoas acreditam. O que sugere a importância de recalibrar e começar com uma imagem precisa do quanto realmente somos integrados, e é isso que tento apresentar no *World 3.0*. Estamos em um estado de semiglobalização. O que descobrimos é que somente de 10 a

25% dos tipos de atividades econômicas são internacionais. O mais surpreendente é que a maior parte dessas atividades ocorre entre países semelhantes, que compartilham fronteiras, pertencem ao mesmo bloco comercial, falam a mesma língua ou têm laços coloniais. À medida que as distâncias e as diferenças entre os países aumentam, suas interações econômicas normalmente diminuem.

E, no entanto, as pessoas têm muito medo da globalização. Por que todo esse medo?

Acho que isso se dá porque há um exagero em relação a quão globalizados somos de fato. Se você é pró-globalização, isso é perigoso, pois sugere que não há mais espaço para aumentar a integração e produzir quaisquer benefícios. E se você é antiglobalização em um mundo totalmente globalizado, é plausível colocar a culpa de tudo na globalização. Assim, os medos dos antiglobalizadores são alimentados pelos mesmos equívocos que levam os pró-globalizadores a ignorarem os ganhos de mais integração.

As pessoas estão com medo de perder seus empregos, acham que as partes mais pobres do mundo vão ser exploradas pelas mais ricas e assim por diante, mas você diz que esses receios são exagerados.

Há alguns problemas reais. Durante sete capítulos do meu livro, tratei sobre vários tipos de fracassos de mercado, abordei os medos que as pessoas têm e avaliei se a globalização melhora ou piora a situação. Acho que a globalização melhora alguns desses fracassos e medos, em vez de agravá-los. Outros, embora a globalização possa influenciar, 10 a 20% de globalização desempenham um papel muito diferente do que se poderia esperar de 100% de globalização.

A tensão no livro – na verdade, a tensão central – está entre esse processo de globalização ou de integração internacional das economias e a noção de regulamentação, controle e, de certa forma, protecionismo. A tensão pode ser resolvida?

Há algumas tensões, mas acho que elas diminuem quando reconhecemos como os níveis atuais da globalização são limitados. Deixe-me dar um exemplo. A maior preocupação das pessoas em países pobres é o preço dos alimentos. Na verdade, comecei a escrever esse livro em resposta à crise internacional do arroz no período de 2007 a 2008, quando os preços internacionais do produto triplicaram. Para muitas pessoas naquela época, e para muitas hoje, esse é um bom argumento para encerrar o comércio internacional do arroz.

Mas, quando você percebe que somente 5% do arroz produzido no mundo inteiro é comercializado internacionalmente, acaba se dando conta de que tudo o que acontece do lado da produção ou qualquer coisa que acontece do lado da demanda é incluído nesses 5%. A maneira de lidar com isso não é reduzir os 5% a 2 ou 1%; é aumentar a fração comercializada globalmente. Nesse caso, o aumento da integração de fato ajudaria.

Você perguntou sobre regulação, e o arroz é um exemplo de que, embora uma maior integração possa ajudar a reduzir a volatilidade, provavelmente não seja suficiente, pois não é nem política nem eticamente justificável deixar as pessoas morrerem de fome se não puderem pagar o arroz aos preços estabelecidos. É preciso contar com a integração como o fator principal que leva a economia global para a frente, mas também é preciso reconhecer que, em determinadas circunstâncias, será preciso alguma regulamentação.

E quanto a uma situação como a produção de metais de terras raras, uma commodity *que está sendo utilizada em diversos aparelhos eletrônicos e de computador? As pessoas afirmam que a China parece ter um monopólio global. Qual é a situação lá?*

Bem, a China certamente detém cerca de 95% da produção de metais de terras raras. Esse é outro tipo de problema no mercado que preocupa as pessoas: números pequenos ou, no outro extremo, monopólio. Os monopólios não são algo bom, mas é difícil dizer "somos os Estados Unidos ou somos o Reino Unido e deveríamos nos desconectar do mundo em resposta a essa situação". É muito mais eficiente continuar com o que tem sido feito e ajudar outros países com reservas, como o Vietnã, a desenvolver essas fontes de terras raras.

Ainda temos muitos monopólios, ou oligopólios, principalmente nos setores de matérias-primas, e a solução não é se desconectar do resto do mundo. Quando se trata de terras raras, é preciso ter as reservas dos minerais, pois não há como desenvolvê-las por conta própria. Devemos tentar desenvolver uma cadeia de suprimentos mais sólida, que envolva uma integração entre mais países, em vez de virar as costas para o mundo.

O livro World 3.0 diz de que forma podemos agir como indivíduos e reconhecer que somos unidades individuais de análises neste mundo globalizado. Pode nos falar um pouco sobre sua noção de cosmopolita enraizado?

Bem, o cosmopolita enraizado é, de certa forma, um análogo do exemplo do país que estive usando. O local onde você está afeta o que está perto e o que está longe. Os cosmopolitas enraizados reconhecem que algumas experiências e determinados povos são muito mais próximos deles. E nem cogitam a ideia cosmopolita desenraizada de fingir que se importam igualmente com tudo o que está acontecendo em todo o mundo. Um cosmopolita enraizado percebe que temos certas raízes e que isso é importante para descobrir o que devemos tentar fazer e com quem.

Você está dizendo que essa é uma noção mais realista do que incentivar as pessoas a se tornarem, de repente, cidadãos globais, perspectiva que não aceitamos bem?

É isso mesmo, e meu exemplo preferido é contrapor a realidade a algumas retóricas sobre cidadãos globais. As pessoas que têm o conceito de cosmopolitas universais em oposição ao de cosmopolitas enraizados sugerem que devemos nos preocupar com quem está do outro lado do mundo assim como fazemos com nossos vizinhos. No entanto, acho que isso não condiz com a realidade, tanto econômica quanto psicologicamente. Em vez disso, enfatizo no meu livro que, se você observar, por exemplo, quanto os governos de países ricos gastam com pobres nacionais e pobres estrangeiros, a proporção é de cerca de 30 mil para 1. O que quero dizer é que, para aumentar a ajuda aos países em desenvolvimento, deveríamos diminuir essa proporção até chegarmos em 15 mil para 1. Isso me parece uma proposta muito mais realista do que simplesmente dizer "certo, precisamos conseguir uma proporção de 1 para 1", algo que não vai acontecer neste século e talvez nem no próximo.

Precisamos de uma nova regulamentação? Este é o momento para uma regulamentação supranacional que opere além das fronteiras nacionais?

O alcance governamental é sempre escasso, e acho que, tendo em conta principalmente a idade das nossas instituições multilaterais, esse é o tipo mais escasso de alcance governamental que se possa imaginar. Outra coisa que tento fazer no livro é identificar quais tipos de problemas podem ser regulados em nível local e quais exigem uma coordenação e regulamentação multilateral. Veja os problemas associados com poluição, por exemplo. Para a maioria dos poluentes que têm um alcance muito curto e que operam em distâncias bastante curtas, a regulamentação local ou nacional funciona perfeitamente bem. Para poluentes com alcances intermediários, como dióxido de carbono e chuva ácida, que têm relação com ácido sulfúrico depositado pela chuva, as soluções regionais podem funcionar, e de fato funcionaram. Por certo, o problema mais difícil é algo como o dióxido de carbono no aquecimento global, que não está relacionado a distâncias; nesse caso, é preciso uma coordenação multilateral. Em vez de dizer que tudo precisa de uma solução multilateral, tento especificar em que situações essa coordenação é realmente necessária, pois ela é a mais difícil de alcançar.

Podemos retroceder em relação à globalização e à integração? Podemos de fato voltar atrás? Essa é uma proposta realista?

Bom, vamos começar com os problemas da zona do euro. Acredito que os problemas na zona do euro – e são problemas semelhantes aos do espaço Schengen, porém sem controles nas fronteiras – ocorreram apenas nas barreiras administrativas entre os países e devido à noção muito ingênua de que, se você se livrasse desses obstáculos administrativos, todos os outros problemas seriam solucionados, resultando em uma integração perfeita. Uma moeda em comum não eliminou as diferenças econômicas entre as regiões da Europa em termos de produtividade, taxas de crescimento, disposição para trabalhar uma carga horária maior e assim por diante.

Além disso, eliminar controles de fronteira não elimina automaticamente os preconceitos culturais entre as pessoas de diferentes partes da Europa. É preciso reconhecer que há muitas barreiras para a integração transfronteiriça e que uma integração desequilibrada não é a solução. Dito isso, estou muito preocupado que o retrocesso em termos da revogação dos acordos de Schengen ou da expulsão da Grécia da moeda comum represente as primeiras inversões significativas de um processo que tem estado em curso na Europa durante os últimos 50 anos ou mais. É um processo que tem avançado aos trancos e barrancos, mas, em comparação com a visão original que tiveram os fundadores da Comunidade Europeia do Carvão e do Aço, provavelmente tem sido o exemplo mais bem-sucedido de integração no período pós-guerra. Houve alguns impulsos reais ao processo, e é preocupante estarmos falando sobre ter de dar alguns passos para trás, embora isso seja novamente um lembrete dos problemas de uma integração desequilibrada.

Falamos sobre governos e um pouco sobre indivíduos. E as empresas? Como as empresas devem responder à globalização e reconhecer que estão em um mundo 3.0?

Reconhecer que as diferenças ainda importam seria meu primeiro conselho para as empresas. De certa forma, essa é a lição mais antiga na área de negócios internacionais e, no entanto, trata-se de um erro que as empresas continuam cometendo. Por exemplo, veja o caso do Walmart, empresa que tenho estudado há 25 anos. Cerca de cinco ou seis anos atrás, perguntaram a Lee Scott, CEO na época, se ele acreditava que o Walmart pudesse ser bem-sucedido internacionalmente. Sua resposta foi a seguinte: "Veja, se conseguimos ir do Arkansas para o Alabama, por que será muito diferente irmos para a Argentina?" Tem sido um grande aprendizado para o Walmart perceber que as diferenças entre Argentina e Arkansas são muito maiores do que as diferenças entre Arkansas e Alabama, e que exigem muito mais adaptações.

Também é interessante que empresas como a GE, que costumavam pensar que globalização envolvia exportar para outros países os mesmos produtos fabricados para os Estados Unidos, mudaram radicalmente seus pontos de vista por meio de suas experiências.

Sim, a GE é certamente uma empresa que está na vanguarda do pensamento em administração em vários aspectos, e acho que sua evolução é um indicativo muito interessante do quão longe as empresas chegaram e do caminho que ainda precisa ser percorrido. Esse avanço da empresa, ao deixar de seguir um modelo focado na exportação para perceber que o que realmente precisava eram operações locais, ganhou força durante os últimos 10 anos de Jack Welch no cargo de CEO. Após o acordo GE-Honeywell, a empresa entendeu que era preciso não somente exportar para a Europa, mas ter uma presença física lá. A GE está bastante comprometida em se expandir da Europa para a Ásia, pois é lá onde o crescimento tem se concentrado nos últimos anos, de acordo com seus resultados.

Além disso, a GE ainda está tentando encontrar os gestores certos para os cargos, pois, dado o modo como os sistemas baseados em precedência funcionam, ela é uma empresa que, assim como a maioria, deriva a maior parte de suas receitas e lucros de fora dos Estados Unidos. Mas a grande maioria – uma estimativa de 90% – das principais 200 pessoas da GE é americana. A empresa está trabalhando nessa incompatibilidade, e isso ilustra como ainda há muito a ser feito para que a GE consiga maximizar seu potencial ao operar nessas geografias diferentes.

Jornadas globais

Anil K. Gupta é outro pensador indiano que está desafiando o pensamento convencional sobre a globalização. Com sua esposa e colaboradora, a chinesa Haiyan Wang, ele oferece uma nova perspectiva sobre a Índia e a China.

Gupta ocupa a Cadeira Michael D. Dingman em Estratégia e Empreendedorismo na Smith School of Business, University of Maryland, e é professor convidado na INSEAD. Também é o consultor chefe do China India Institute, empresa de pesquisa e consultoria com sede em Washington. Escreveu *Global Strategies for Emerging Asia* (2012), em parceria com Toshiro Wakayama e U. Srinivasa Rangan, *The Silk Road Rediscovered* (2014), em parceria com Girija Pande e Haiyan Wang, e *Getting China and India Right* (2009), com sua esposa. Ele e Haiyan Wang foram os finalistas do Thinkers50 Global Solutions Award de 2013.

Quando conversamos com Anil Gupta em seu escritório, em Maryland, começamos traçando sua trajetória desde quando era um jovem estudante na Índia até seu atual cargo como professor em uma das melhores faculdades de administração dos Estados Unidos.

Você percorreu um longo caminho desde o Indian Institute of Technology até onde está agora.

Sim, embora não pareça ser um longo caminho. Quando era estudante, o Indian Institute of Technology era algo como ilhas ocidentais dentro da própria Índia.

Após receber o diploma no IIT, era comum que todos se candidatassem à pós-graduação nos Estados Unidos. Ninguém havia saído da Índia até então, mas nos mantínhamos bem informados sobre os Estados Unidos, mesmo naquela época. Na minha turma, formaram-se 300 estudantes e, em um ano, cerca de 160 já estavam nos Estados Unidos.

Eu estava entre os primeiros 5 ou 6% da turma de formandos no IIT, e isso quer dizer que era um ótimo engenheiro, mas, de certa forma, não gostava de engenharia. Eu era bom nisso, mas queria fazer algo diferente. Queria me dedicar aos negócios voltados para gestão e, em vez de tentar a pós-graduação em engenharia nos Estados Unidos, fiz meu MBA e então comecei no campo da engenharia industrial, pesquisa de operações e assim por diante.

No meu segundo ano de MBA, troquei para algo bem diferente: marketing de bens de consumo. Quando terminei meu MBA, tive sorte de conseguir um dos empregos mais cobiçados na Índia: na Unilever da Índia. Se você tivesse interesse em marketing, o que muitos dos meus colegas tinham, o trabalho ideal era na Hindustan Lever (atual Hindustan Unilever). Entrei na empresa como *trainee* de gestão, fiquei no cargo por cerca de 18 meses e me tornei gerente de produtos para algumas das marcas da Unilever na Índia.

Trabalhei na empresa por três anos. Apesar de lançar dois ou três novos produtos todo ano como gerente de produtos, não achava o cargo intelectualmente empolgante.

Disse a mim mesmo que precisava fazer um doutorado e ir para a área da pesquisa ou para a academia, ou talvez para a consultoria. Então me candidatei a algumas faculdades e entrei para o programa de doutorado da Harvard Business School.

Comecei no campo de marketing, mas, no primeiro ano, troquei para estratégia. Tive ótimos orientadores na estratégia. Michael Porter, Alfred Chandler e Jay Lorsch foram alguns dos principais professores com quem trabalhei.

Quando você esteve em Harvard?
De 1975 a 1980.

Porter estava começando sua carreira nessa época.
Ele estava no início de sua carreira, mas, mesmo naquela época, as pessoas em torno dele diziam que ele era alguém importante. Ele não era nem professor titular ainda e as pessoas o consideravam uma estrela no campo da estratégia.

Muitos professores de estratégia têm poucas interações com empresas reais durante suas carreiras.
Não vejo nada de errado com pessoas que têm experiências diferentes, mas acredito que elas não podem se perder no mundo da abstração. Basicamente, a estratégia é uma ciência social e não uma matemática abstrata, de modo que é preciso ter uma boa compreensão do mundo real.

Terminei meu doutorado em 1980, e os primeiros 10 anos foram focados na estratégia, com base em minha tese. Vijay Govindarajan e eu escrevemos muito juntos de 1980 a 2002 ou 2003. Lá pelos anos 1990, mudei meu foco para globalização e estratégia global e escrevi o livro *The Quest for Global Dominance* com VG, publicado em 2001.

Esse foi o primeiro trabalho voltado para um público não acadêmico. Era professor titular e queria escrever para gestores.

Também foi por volta dessa época que decidi que precisava me aprofundar na história dos mercados emergentes da Índia e da China. Nasci e cresci na Índia, mas isso não significa que eu conhecia a Índia de forma analítica.

Em 2001, Haiyan e eu nos casamos. Ela é tão determinada quanto eu. Começamos a olhar para a China e a Índia analiticamente e a escrever sobre esses dois países, o que resultou no livro *Getting China and India Right*, publicado em 2009.

A globalização ainda exige 100% do meu tempo e da minha energia, mas há sempre novos tópicos interessantes dentro desse assunto.

Nosso livro de 2014, *The Silk Road Rediscovered*, fala sobre os vínculos corporativos entre a Índia e a China. Isso ainda está em estágio inicial, mas diversas empresas pioneiras estão indo da Índia para a China e da China para a Índia. Elas estão aprendendo a conquistar os respectivos mercados, o que, ao mesmo tempo, resulta em um fortalecimento global.

Um exemplo seria Huawei, uma empresa chinesa que tem o maior centro de P&D fora da China, em Bangalore, com mais de 2 mil engenheiros. Além disso, há a empresa indiana Mahindra, especializada em tratores, que está atualmente lutando pela posição de número quatro ou cinco na participação de mercado de tratores da China. Com cerca de 10% do mercado, a expectativa da empresa é de que, talvez em três ou quatro anos, ela possa estar entre as primeiras colocadas. Ninguém pensaria que seria possível uma empresa indiana ter um papel importante no mercado de tratores da China, mas tem.

Ultimamente, também tenho gastado uma quantidade significativa de energia e tempo analisando grandes tendências globais. Nos últimos 20 anos, de 1990 para cá, o mundo tornou-se extremamente diferente em muitos aspectos – estrutura econômica, tecnologia, demografia, recursos, meio ambiente e assim por diante. Acredito que, nos próximos 10 anos, o mundo mudará de forma ainda mais drástica do que mudou nos últimos 20 anos. Passei um bom tempo observando os principais fatores que originaram essa transformação e o que as mudanças representam para as empresas, os países e os indivíduos.

Também comecei a trabalhar em um novo projeto, intitulado "Cloning Silicon Valley". Todos os presidentes, primeiros-ministros, governadores e prefeitos do mundo querem criar seu próprio Vale do Silício. Estou investigando detalhadamente o ecossistema do Vale do Silício e decodificando os fatores e as dinâmicas que tornaram essa região o centro de inovação mais proeminente do mundo. Aprendi muito sobre esse lugar quando passei um ano na Stanford University, em 2000, como professor convidado, então há muito a ser desenvolvido. Depois disso, pretendo me aprofundar no que está acontecendo no parque tecnológico Zhongguancun, em Pequim, o mais próximo que a China tem de um Vale do Silício.

Também tenho a intenção de estudar Bangalore, que é a região na Índia que mais se aproxima do Vale do Silício. Em Bangalore, é interessante ver que o governo tem representado um impedimento, em vez de um estímulo ou um facilitador. Bangalore tornou-se uma potência de inovação, apesar da falta de participação do governo; Pequim contou com o apoio do governo; e, no Vale do Silício, o governo não é um fator relevante. Portanto, existem algumas diferenças fundamentais entre esses três ecossistemas de inovação.

Vamos observar esse fenômeno global de reprodução do Vale do Silício focando principalmente na área da Baía de São Francisco, em Pequim e em Bangalore. Esse é o próximo grande projeto no qual Haiyan e eu estamos atualmente trabalhando.

O que o surpreendeu na ascensão da Índia?

Na década de 1970, quando a Índia ainda tinha um crescimento de 2 a 3% – conhecida como taxa de crescimento hindu – e os meus amigos estudantes estavam se candidatando à pós-graduação nos Estados Unidos, você tinha de fazer o TOEFL, um exame de proficiência em inglês como língua estrangeira. De brincadeira, costumávamos dizer que chegaria o dia em que as pessoas teriam de fazer o TOHFL, exame de proficiência em hindi como língua estrangeira.

Sabíamos que a Índia era um país grande, que as instituições de ensino de elite eram muito fortes e que o calibre dos estudantes era de nível mundial. Havia alguns pontos fortes, mas o governo era realmente um problema, o que ainda permanece nos dias de hoje.

O interessante foi que, em vez de sair de 2 a 3% e avançar para 5 ou 6%, a Índia, no meio da década passada, começou a crescer de 8 a 9%, chegando, muitas vezes, a uma taxa de crescimento de até 10%. Isso foi um pouco surpreendente e semelhante ao que aconteceu com a China. Do modo como vejo, as perspectivas são ainda melhores e, nos próximos 10 anos, a economia da Índia pode crescer ainda mais rápido que a da China. Lembre-se, a Índia está 20 anos atrasada em relação à China. Como resultado, a Índia não vai alcançar a China tão cedo. Entretanto, é bem provável que o país comece a diminuir essa distância, de forma lenta, mas constante.

O que faz você levantar da cama pela manhã? Qual a grande motivação?

Para mim, a grande motivação é que me vejo como um empreendedor intelectual. Quando estava na Índia, trabalhando para a Unilever, tinha um emprego maravilhoso. Os estudantes do MBA matariam por esse emprego, mas o estímulo intelectual era prioridade sobre ser gerente de produtos. E isso se mantém até hoje.

É o estímulo intelectual que me atrai, e acho que sempre tive uma mentalidade empreendedora, o que significa que quero ser meu próprio chefe, em vez de ter uma instituição ou alguém dando ordens; isso é algo que consegui como professor. A universidade quer que os professores façam aquilo que amam e que o seu trabalho seja relevante.

CAPÍTULO
7

Índia S/A

A ascensão do pensamento indiano em administração tem sido acompanhada pela ascensão do próprio país como potência econômica, liderada por ícones da Índia corporativa. A Índia S/A agora possui diversas marcas globais de referência que servem como modelo para as empresas de todo o mundo. A lista, que cresce cada vez mais, inclui empresas como a Tata (que detém a Jaguar Land Rover); as empresas de tecnologia Wipro, Infosys e HCL Technologies; e a fabricante de tratores Mahindra & Mahindra.

A Índia S/A (tal qual a China S/A e alguns outros recém-chegados notáveis) representa um desafio para a hegemonia das principais empresas ocidentais. Também é importante salientar que o CEO da Microsoft é o indiano Satya Nadella.

Uma Índia sem amarras

Do seu ponto de vista privilegiado, na London Business School e agora na Tata, Nirmalya Kumar traçou a ascensão da Índia S/A. Como professor de marketing, ele tem um interesse especial no que a marca da Índia representa. Assim como aconteceu com outras economias emergentes, como o Japão, a marca representativa da Índia está passando por uma mudança sutil. A interpretação de Kumar quando conversamos era a seguinte:

> O desenvolvimento impressionante do sucesso comercial indiano ao longo do tempo é uma brilhante conquista de uma cultura que esteve sempre disposta a sonhar (e fazer) mais. Não se pode entender o potencial empresarial da Índia sem compreender também as raízes do empreendimento indiano. A ascensão da Índia S/A pode ser resumida em cinco palavras: da Índia para o mundo.
>
> As empresas indianas deixaram de atuar apenas localmente para atuar em nível global, passando por três fases. Na fase da pré-reforma, antes de 1991, os negócios indianos estiveram limitados, primeiro pelo colonialismo britânico e depois (na pós-independência) pelas políticas socialistas. Na segunda fase, as reformas econômicas, depois de 1991, exigiram uma reestruturação empresarial, que duraria uma década, para tornar as empresas globalmente competitivas. Agora, na terceira fase, as empresas indianas estão se tornando cada vez mais globais.
>
> Até recentemente, as potências globais indianas não tinham a confiança ou a capacidade de estarem no cenário mundial. Essas empresas, forjadas no ambiente severo da Índia, tentam garantir o melhor dos dois mundos: conseguir o acesso aos mercados lu-

crativos de margem alta do mundo desenvolvido por meio de empresas na Europa e nos Estados Unidos, ao mesmo tempo em que mantêm suas sedes de baixo custo na Índia. Hoje, o que mais chama atenção nas empresas indianas é que elas pretendem se tornar empresas globais e não se intimidam em adquirir empresas estrangeiras e integrá-las às suas empresas na Índia.

Embora seja de esperar que algumas dessas empresas compradoras fracassem devido ao grande gasto na compra de empresas estrangeiras ou ao acúmulo de dívidas, a tendência geral permanece inalterada. Para o mundo desenvolvido e suas empresas, a era da Índia como grande investidor estrangeiro já chegou. A questão não é como parar essa tendência, mas como lidar com ela. Houve um tempo em que os ocidentais presumiam que um indiano trabalhando na sede de uma multinacional ou empresa ocidental era um contador ou um técnico em informática. Agora, é bem possível que ele seja o principal executivo da empresa.

A arte do marketing

A carreira de Kumar tem sido totalmente voltada para o marketing. Ele se descreve como alguém "apaixonado pelo marketing e disposto a adotar posições controversas". (Outra paixão publicamente declarada é pelas artes, especialmente as pinturas de Jamini Roy, o pai da arte moderna indiana, a poesia e outros escritos de Rabindranath Tagore, o primeiro asiático a ganhar um Prêmio Nobel.)

Depois de se formar e receber seu diploma de mestrado na Índia, Kumar concluiu seu MBA na University of Illinois, em

Chicago, e seu PhD em marketing na Kellogg School of Management, na Northwestern University.

Para Nirmalya Kumar, os principais fatores para o sucesso na área de marketing são velocidade e alcance. A velocidade está na comunicação eletrônica global instantânea, mas também na inovação contínua de produtos novos e aperfeiçoados, caso uma empresa queira alcançar sucesso no mercado sustentável. O alcance refere-se à presença global, mas também à presença dos diretores executivos. É personificado em um diretor de marketing influente, e também em um CEO que reconheça que o marketing é tão importante para o sucesso empresarial sustentável quanto finanças, operações e tecnologia da informação.

Entretanto, no mundo corporativo atual, o marketing está em crise. Kumar afirma que o marketing está "preso no redemoinho da obscuridade corporativa". Está se afundando em responsabilidades de "questões táticas de implementação", com pouca ou nenhuma influência estratégica. Ele está associado ao lento crescimento decorrente da recessão mundial de tal forma que "os profissionais do marketing começaram a perder poder". As reuniões da diretoria incluem o CEO, o CFO, o COO, e talvez o CIO, mas "pouquíssimas empresas têm o CMO, ou seja, a voz responsável pelo marketing dentro da diretoria."

Kumar afirma que, para o CEO considerar o marketing como prioridade, "ele deve tornar-se estratégico, multidisciplinar e direcionado para o lucro final."

Para tornar-se mais estratégico, é preciso focar além da sobrevivência e considerar os impactos de longo e curto prazo que o marketing pode oferecer. Não é fácil superar a ênfase no curto prazo entre investidores, analistas e meios de comunicação.

Kumar observa que o marketing é mais propenso a soluções de curto prazo do que outras áreas corporativas, pois seus principais parâmetros são mais sensíveis a medidas quantificáveis de curto prazo. O curto prazo envolve gastos que geram vendas. "Pronto, assim posso mostrar o impacto imediato", diz ele. No entanto, isso não se aplica aos gastos com o serviço ao cliente e a identidade da marca; nem a outros gastos para os quais "não temos indicadores financeiros", mas que precisam estabelecer as vantagens quanto "ao reconhecimento da marca, à disponibilidade de distribuição e à investigação de quanto a marca é apreciada pelos consumidores."

Lançar e aprender

Entre as posições controversas que Kumar defende está a sua insistência em que o marketing no mundo de hoje exige que uma empresa oriente o mercado, em vez de ser orientada por ele. Também defende que, para as empresas orientarem o mercado, elas devem não apenas ouvir os consumidores de modo a conhecer suas necessidades, mas dizer aos consumidores o que elas acham que eles precisam. "Quando se é orientado pelo mercado, pode-se testar o produto e depois lançá-lo", explica ele. "Mas, quando se está orientando o mercado, é preciso adotar a estratégia de lançar e aprender."

Kumar afirma que os inovadores radicais utilizam uma combinação de estratégias orientadas pelo mercado e para orientar o mercado, alocando de 5 a 20% dos seus orçamentos de pesquisa em ideias radicais. É uma estratégia arriscada e potencialmente cara. "Em vez de aprender por meio de pesquisas, você aprende direto com o mercado", diz Kumar. "Você aprende na prática."

Como resultado, as empresas se livram da inovação incremental, que é um produto desenvolvido com base no *feedback* dos consumidores, e progridem à inovação radical, característica de empresas como Amazon.com, Apple e Starbucks. Os consumidores não pedem produtos de grande sucesso para esses inovadores radicais, pois eles não conseguem imaginar o que não existe. "Alguns talvez possam ter imaginado essa necessidade, mas não a manifestação dela".

Kumar afirma que a inovação contínua é a única fonte atual de crescimento sustentável. Uma empresa só consegue crescer de duas maneiras: aumentando os preços ou aumentando a quantidade. Poucas empresas optam pela última, ele afirma. Para realizá-la, é preciso entrar em novos mercados – embora isso também seja limitado –, então "a única forma de realmente crescer é desenvolver novos produtos e serviços a partir da inovação". Incentive a inovação contínua, pois "mesmo as empresas mais inovadoras não vão lançar um produto... e ficar de braços cruzados", observa Kumar. "Assim, a inovação é o jogo no qual é preciso atuar de forma contínua". Isso significa estar disposto a arriscar a inovação que, às vezes, pode prejudicar seus próprios produtos.

Canibais na família

Kumar também acredita que os inovadores radicais vão além da inovação exclusivamente incremental por meio de uma abordagem baseada em três conceitos: valorização do cliente, proposta de valor e rede de valor. Tais conceitos, segundo ele, são muito mais relevantes do que produto, preço, praça e promoção.

Esses quatro Ps, afirma, são uma parte essencial do marketing, mas não são suficientes para uma vantagem competitiva. Independentemente da vantagem obtida por qualquer um desses Ps, a empresa logo será alcançada pelos concorrentes. Mas, "ao focar nos três conceitos de valor, ela consegue se diferenciar."

A valorização do cliente envolve segmentar os consumidores o melhor possível, de modo a responder com precisão ao seu valor entendido.

A proposta de valor acontece quando uma empresa consegue fazer os consumidores perceberem que os seus produtos e serviços são diferenciados daqueles de outros concorrentes.

O estabelecimento de uma rede de valor requer uma análise extensa sobre como uma empresa pode utilizar sua proposta de valor para identificar os clientes. "É uma orientação multidisciplinar, muitas vezes referida como cadeia de valor", observa Kumar.

Ele acredita que "o problema com os quatro Ps ocorre porque eles são focados em uma direção mais tática do marketing". Os três conceitos de valor estão em um nível estratégico e, portanto, são bem mais complexos e desafiadores, "pois a questão é onde dividir a rede de valor a fim de servir aos diferentes segmentos", diz Kumar. Teoricamente, a empresa pode criar funções específicas para cada segmento: P&D, marketing, operações, compras, distribuição, serviços e assim por diante. Mas isso acarreta a perda das economias de escala. O desafio é segmentar de modo que os clientes percebam sua diferenciação em relação aos concorrentes e de modo a manter uma associação entre as redes de valor da empresa para captar as economias de escala.

Inovação na Índia

Na Conferência de Ciência da Índia, em 2011, Manmohan Singh, primeiro-ministro do país, convocou os cientistas indianos: "Chegou o momento de a ciência indiana pensar grande novamente, de maneira inovadora e à frente do seu tempo." Ele anunciava a "década da inovação".

Certo, mas como Nirmalya Kumar e Phanish Puranam apontam no livro *India Inside*, a inovação não é um território novo e inexplorado para os indianos como os estereótipos, em especial os ocidentais, dão a entender – com a ideia de que os indianos não praticam a inovação. É interessante como as ideias brilhantes são consideradas algo unicamente ocidental. Os indianos são bons em contabilidade e programação, mas não são os melhores em inovação. Afinal, onde estão os Googles, iPods e Viagras indianos?

Para contrariar o senso comum, Kumar e Puranam apresentam várias estatísticas e observações convincentes. Eles mostram que Vinod Khosla fundou a Sun Microsystems, Sabeer Bhatia criou o Hotmail, Kanwal Rekhi ajudou a desenvolver o Ethernet, Narinder Kapany é o responsável pela fibra óptica e Vinod Dham esteve envolvido no desenvolvimento do chip Pentium. E todos são indianos. De fato, 26% das start-ups no Vale do Silício têm fundadores ou cofundadores indianos. O Vale do Silício, assim como o mundo, deve e continua devendo muito aos inovadores indianos.

A vida cotidiana na Índia é prova constante dessa inovação. "Se você pensar sobre a inovação de maneira mais ampla, como qualquer nova forma de criar valor e distribuí-lo, há muita inovação acontecendo na Índia", diz Phanish Puranam.

Além disso, a Índia é hoje o lar de inúmeros centros tecnológicos de multinacionais ocidentais. A GE emprega 4.300 pesquisadores no seu John F. Welch Technology Center, em Bangalore. Isso quer dizer que um em cada seis tecnólogos da GE trabalha nesse centro. O chip Xeon 7400 da Intel, lançado em 2008, foi criado e desenvolvido no centro da empresa em Bangalore. E há diversos outros exemplos.

São muitas as ramificações da inovação invisível da Índia e todas são exploradas detalhadamente por Kumar e Puranam. Durante três anos, eles entrevistaram gestores de empresas multinacionais que praticam P&D na Índia e também pesquisaram as operações de P&D de empresas indianas.

"Percebemos que a pergunta 'onde estão os Googles, iPods e Viagras indianos?' não é a correta. A pergunta que devemos fazer é a seguinte: onde está a inovação? Atualmente, nas empresas multinacionais, a inovação não é feita em um lugar apenas", diz Kumar. "O modelo de inovação antigo tinha o P&D centralizado no país de origem da empresa ou no seu principal mercado, que era outro país desenvolvido. A inovação atual em empresas multinacionais é extremamente segmentada pelo mundo. Veja o iPod da Apple, por exemplo: o design foi feito nos Estados Unidos, a fabricação na China, a interface foi desenvolvida no Reino Unido e o software, na Índia. Então, se você perguntar se é uma invenção americana, sim, é uma invenção americana, mas nenhum novo produto agora é desenvolvido a partir de apenas um país. É uma abordagem multinacional, e as multinacionais tornaram-se muito boas em ajustar essas diferentes unidades em todo o mundo, diferenciando-as ao utilizar diferentes centros de especialização e integrando-as para criar um produto completo".

De acordo com Kumar e Puranam, esse não é um caso de "inovação reversa" (conceito criado pelo professor Vijay Govindarajan para explicar a criação de produtos em mercados emergentes e sua distribuição em mercados desenvolvidos – veja o Capítulo 1). "Para nós, a ideia de inovação reversa implica um mundo ultrapassado, porque diz que a inovação só pode ser considerada como tal se o produto for comercializado no mundo desenvolvido", diz Puranam. "A Índia e a China são tão grandes e serão tão importantes que as empresas precisam parar de pensar que só vale a pena desenvolver um produto lá se esse produto for distribuído para o resto do mundo desenvolvido. Se ele for para a Índia e China e permanecer lá, é porque o mercado desses países é importante, promissor e rentável o suficiente. Se algo faz sucesso nos Estados Unidos, ninguém pergunta: também faz sucesso no resto do mundo?"

Kumar e Puranam afirmam que o que está acontecendo é o surgimento de processos de P&D distribuídos de maneira coordenada em todo o mundo. Isso significa que nenhum país pode reivindicar o desenvolvimento de determinado produto.

(Nesse ponto, eles estabelecem uma distinção entre a Índia e a China. Na China, muitas das inovações realizadas podem ser categorizadas como P&D tradicional, o que restringe os produtos para o mercado chinês.)

A essência do *India Inside* é que a inovação é, sim, praticada na Índia, mas, para os observadores não muito curiosos, ela é praticamente invisível. Assim como os *chips* dentro do seu computador, a inovação indiana está fazendo seu trabalho de forma silenciosa e eficiente, representando uma parte essencial de qualquer cadeia de inovação. A Amazon pode ser considerada a pioneira *online* norte-americana, mas as compras de seu *site* podem ser processadas pela Índia, utilizando o software escrito por indianos, em um site desenvolvido com a participação dos indianos.

Para Kumar, a pesquisa que originou o livro foi reveladora. Seu livro *India's Global Powerhouses* comemora a ascensão de uma nova geração de multinacionais indianas, mas também lamenta a falta de inovação indiana. "No livro *India's Global Powerhouses,* acabei dizendo que as empresas indianas estão virando globais, mas que é preciso produzir inovações. Essa pesquisa me mostrou que há muita inovação acontecendo na Índia; apenas não a tinha visto nem ouvido falar dela, porque é invisível."

Marcas emergentes tornam-se globais

Brand Breakout (2013), livro de Kumar escrito em coautoria com Jan-Benedict Steenkamp, traça a ascensão das marcas de mercados emergentes à medida que deixam de ser locais para se tornarem globais. Conversamos com Kumar na London Business School sobre os principais temas do livro. Como sempre, foi difícil interromper seu fluxo rápido de ideias, opiniões, informações e paixões.

Qual foi o ponto de partida para esse livro?
O ponto de partida foi observar de perto as melhores empresas do mundo. Se você reparar, vai perceber que 25% delas vieram de mercados emergentes. Entre as pessoas mais ricas do mundo, 25% pertencem a mercados emergentes. Mas, se observarmos as principais 100 marcas globais, somente uma é proveniente de um mercado emergente: Corona, do México. A questão é: por quê?

Quando a maioria das pessoas do mercado ocidental precisa citar uma marca chinesa, elas não sabem o que responder. E foi daí que surgiu a ideia. Então o foco deixou de ser a melhor prática e passou a ser a próxima prática: como você conseguiria criar marcas globais a partir de mercados emergentes? E começamos a pesquisar de que forma isso poderia ser feito.

É por isso que os mercados emergentes precisam desenvolver marcas globais. À medida que fica mais caro produzir bens de consumo, eles vão ter que deixar de ser somente as capitais mundiais da fabricação e dar um passo adiante.

A verdade é que a China tem fabricado para o mundo há quase 40 anos, mas, nos próximos 10 anos, o mundo vai fabricar para a China. Disso não há dúvida, pois a transição já está ocorrendo.

Tal fato pode ser observado em relação aos bens de luxo, mercado de vinhos, muitos mercados de matérias-primas, mercados de alimentos e petróleo. A China e a Índia vão deixar de ser somente máquinas exportadoras e se tornarão as maiores máquinas importadoras do mundo.

É por essa razão que o governo chinês está comprando empresas e terras no exterior, sejam vinícolas, fazendas de gado leiteiro na Nova Zelândia ou Austrália, sejam terrenos agrícolas na África. A China será um país ainda mais rico daqui a 10 ou 15 anos, portanto o governo está tentando garantir os suprimentos necessários.

Parece que sua pesquisa abriu seus olhos para a realidade da evolução da China.
Pode-se dizer que sim. Outra coisa que aprendi foi como as empresas chinesas são vendidas no mercado de ações. Eles podem ter três fábricas, mas vão colocar apenas uma no mercado de ações. Assim como podem ter fábricas que produzem seis produtos e colocar apenas um deles no mercado de ações. Quando se age assim, é possível manipular completamente os resultados daquela empresa no mercado de ações. A fábrica pode estar em uma situação deficitária, ou então eles podem ter uma empresa de fabricação de suco que produz a polpa do suco, a embalagem e o suco e vende o produto ao mercado. Eles vão colocar o segmento inferior dessa cadeia de valor do suco no mercado de ações, e, assim, a empresa precisa comprar a polpa do suco de sua filial fornecedora.

Há toda uma história não contada sobre a integridade dessas empresas em termos de listagens no mercado de ações. Suas estruturas acionárias não são muito claras.

Como o livro Brand Breakout *se relaciona com seus trabalhos anteriores?*

Todos os meus livros são independentes, mas esse, em especial, aborda dois assuntos pelos quais me interesso bastante: mercados emergentes e marketing. O livro é sobre os mercados emergentes e o marketing na Índia. Os meus dois últimos livros – *India Inside* e *India's Global Powerhouses* – centraram-se bastante na evolução da Índia. E os três livros anteriores a esses eram totalmente focados no marketing. Com este livro e o próximo, estou voltando a reunir os temas mercados emergentes e marketing.

Por que os mercados emergentes precisam ter marcas globais?

Eles precisam de marcas globais porque, conforme os custos aumentam nos mercados emergentes, será necessário diminuir seus preços para obter mais retorno; caso contrário, não vai haver competitividade. Assim, parte do objetivo das marcas globais é obter maiores níveis de rentabilidade. A empresa fabricante da Apple, Hon Hai (também conhecida como Foxconn), tem um retorno de 2% sobre as vendas; a Apple tem um retorno de 30%. É uma questão de fazer parte de negócios mais rentáveis.

As empresas situadas nos mercados emergentes estão cientes dessa necessidade?

Sim. Na verdade, os países de mercados emergentes reconhecem a necessidade de desenvolver marcas globais. Uma coisa é certa: nenhum país jamais tornou-se desenvolvido sem ter produzido algumas marcas globais. Aconteceu com a Coreia, o Japão, e vai acontecer com a China e outras regiões. Se há 20 anos eu falasse que a Coreia teria marcas globais, teriam rido de mim. E se há 40 anos eu dissesse que o Japão teria marcas globais, também teriam rido de mim.

De que tipo de cronologia você está falando?

Já é possível perceber que algumas marcas chinesas – como Lenovo e Haier – tornaram-se globais, mas ainda não são a primeira opção dos consumidores. Na próxima década, isso vai acontecer ainda mais, e empresas como a chinesa Galanz, na indústria de micro-ondas, e a brasileira Havaianas, na indústria de chinelos, por exemplo, vão cair no gosto do consumidor.

O que as empresas nos mercados desenvolvidos podem aprender com esse livro?

Elas vão descobrir quem serão seus futuros concorrentes. Elas já subestimaram os coreanos e os japoneses, então, nosso conselho é que não subestimem tais empresas. Elas são, sim, suas futuras concorrentes, e ainda vão comprar algumas de suas empresas mais conhecidas. Muitas dessas empresas estão envolvidas em aquisições; pense na Land Rover e na Jaguar, que agora são de propriedade indiana. Se as empresas não conseguem criar uma marca, um dos caminhos é a compra de marcas já estabelecidas. É mais rápido.

Não é uma situação bem diferente da que ocorreu com o Japão e a Coreia?

É a mesma coisa. A diferença está nos detalhes, mas, de modo geral, é a mesma situação. À medida que um país torna-se desenvolvido, ele tem mais recursos de P&D, mais recursos de marketing, e a ambição de se tornar global aumenta. Por isso, muitas empresas tentam, mas nem todas serão bem-sucedidas.

Parece que a Índia está mais ciente da importância de marcas globais e também mais avançada na linha de desenvolvimento do que a China.

Eu diria o contrário. Diria que na Índia há maiores habilidades e capacidades de criação de marcas, mas, quando se trata da vontade de desenvolver marcas globais, a China está à frente. Todos os gestores chineses com quem conversamos falaram sobre a necessidade de se tornar uma marca global. Conversei com uma pessoa na sede da Bright Food, em Xangai, e ela disse: "estamos constantemente pensando 'por que não podemos ser uma Nestlé?'"

Em relação à China, há outra diferença. Na maioria das vezes em que os países em desenvolvimento tentaram produzir marcas globais no passado, seus produtos não tinham qualidade. Os japoneses e os coreanos, historicamente, não faziam produtos de qualidade. A China, no entanto, tem uma qualidade de fabricação de primeiro mundo. Os melhores produtos do mundo, incluindo o iPhone e o iPad da Apple, são produzidos lá.

Portanto, os chineses já têm a capacidade de fabricar o produto, o que precisam é adicionar a capacidade de criação de marca. Isso tem de ser mais fácil do que o caminho oposto. Esse é um dos nossos argumentos. Digamos que existam mil fabricantes na China que possuem uma qualidade de fabricação de primeiro mundo. Digamos que, entre esses mil, 100 decidam desenvolver uma marca global. Talvez 10 deles consigam ser bem-sucedidos.

Você consegue ver esse argumento sendo aplicado em outro lugar?

A África ainda está um pouco atrasada. Dos países africanos, a África do Sul é o único onde reconhecemos que pode haver algumas marcas globais emergentes. A cadeia de restaurantes Nando's, por exemplo, já é uma marca global.

Qual é seu próximo projeto?

Meu próximo livro está relacionado, mas de forma diferente, a como as marcas globais das grandes economias do Ocidente precisam se adaptar aos mercados emergentes. Já entrevistamos 30 gestores de marcas globais. Eles explicam como estão mudando suas estruturas organizacionais, de modo a dar mais importância para os mercados emergentes, e como estão mudando suas proposições de produtos e valor para ficar mais em sintonia com os mercados emergentes. Além disso, também demonstram como estão utilizando marcas locais de mercados emergentes, a fim de desenvolvê-las para outros mercados emergentes, e como estão adquirindo marcas locais com a finalidade de descobrir um papel para elas em um portfólio global. É bem interessante.

CAPÍTULO 8

Os reis do contexto

Toda ideia tem seu tempo e seu lugar. Muitas surgem em momentos turbulentos, frequentemente de maneira incompleta, em resposta a eventos ou a novas circunstâncias. A ascensão dos pensadores indianos e das empresas indianas discutidas neste livro não é uma exceção. Sua influência crescente anda de mãos dadas com a transformação da Índia em um colosso econômico. Conforme aumenta o status do país no mundo, seus pensadores ganham uma importância global cada vez maior.

A Índia agora está na moda.

Mas, na verdade, os gurus indianos já estavam tornando-se influentes por meio das faculdades de administração e universidades do Ocidente antes mesmo do notável ressurgimento do país. No entanto, o contexto é uma coisa poderosa, e a ascensão da Índia como nação significa que as ideias desses pensadores avançaram na mesma corrente que fez a cultura e a consciência indiana ascenderem. Agora, os pensadores indianos fazem parte do novo *zeitgeist*.

Nos capítulos anteriores, vimos que muitos desses pensadores deixaram sua terra natal décadas atrás. Para muitos, essa viagem teve um grande impacto sobre suas ideias e deixou marcas permanentes.

Isso foi algo que perguntamos a Bhaskar Chakravorti quando o conhecemos. Chakravorti é vice-diretor sênior do International Business and Finance e diretor executivo do Institute for Business in the Global Context, na Fletcher School, da Tufts University. Antes da Fletcher, foi sócio da McKinsey & Company e um conceituado acadêmico no Legatum Center for Development and Entrepreneurship, do MIT. Também foi membro do corpo docente da Harvard Business School e do Harvard University Center for the Environment. Chakravorti é autor do livro *The Slow Pace of Fast Change: Bringing Innovations to Market in a Connected World*.

O que o atraiu aos Estados Unidos?

Estudei economia na Delhi School of Economics, na Índia, e queria me dedicar à vida acadêmica. Depois disso vim para os Estados Unidos. Minha intenção era ingressar no melhor departamento acadêmico especializado nas áreas em que pretendia trabalhar, que era o campo da teoria dos jogos, e também no que pudesse me oferecer a maior bolsa possível, porque não tinha dinheiro algum.

E uma coisa levou a outra. Comecei como acadêmico e passei a fazer pesquisa rodeado de pessoas que estavam investigando todos os tipos de coisas interessantes, desde os padrões ocultos em gráficos e números enormes até o futuro da comunicação sem fio, e tudo o mais que estivesse no meio. Isso despertou meu interesse em conectar meu campo de especialização extremamente teórico – a teoria dos jogos – a um universo mais amplo. Assim, saí de uma origem bastante esotérica e altamente matemática para, enfim, aconselhar a Comissão Federal de Comunicações sobre a ideia de usar leilões para transferir espectro de rádio público para operadoras privadas que criariam essa coisa incrível chamada indústria de telefonia sem fio.

Ter o governo dos EUA tomando decisões no valor de dezenas de bilhões de dólares com base no que pensamos era algo totalmente abstrato.

Trabalhei para a Bellcore, a parte da antiga Bell Labs que pertencia a Baby Bells, e depois fui para a Monitor, a empresa de consultoria mais acadêmica de todas. Nos primeiros dois anos e meio com a Monitor, viajei pela África tentando desenvolver uma rede de fibra óptica que cercasse esse continente. Por meio desse processo e com meu trabalho em inovação e forças globais de longo prazo, que desenvolvi quando estava na McKinsey, aprendi que algumas das mais difíceis decisões inovadoras e empresariais não são feitas apenas com base em planilhas, mas com base na geopolítica, na história e nas preocupações comportamentais e culturais de todos os tipos.

Isso me fez focar na ideia de conectar a lógica empresarial com o que chamo de inteligência contextual.

Como as suas experiências na Índia se refletem no que faz agora?

Interessante como refletem bastante e por diversos motivos. Um deles é que, se você é um imigrante que se mudou de um lado do mundo para outro, tanto fisicamente quanto em sentido figurativo, já desenvolveu uma certa agilidade contextual. Todo mundo reconhece que nenhuma cidade é igual, assim como comportamentos e escolhas não o são. Mas, ao mesmo tempo, bem no fundo, as pessoas são iguais. Temos esperanças, medos e sonhos praticamente iguais, em geral mais intensificados ou não com base nas diferentes expectativas, experiências e contextos. Os ambientes externos são muito diferentes, e isso molda nosso comportamento de maneiras bem distintas.

Estava aberto à ideia de que há um núcleo de uniformidade na condição humana, apesar de sua variabilidade e de todas as diferenças que se manifestam em diferentes países, no mundo desenvolvido, no mundo emergente e assim por diante. Acho que é algo que foi geneticamente estabelecido em mim.

O segundo é que crescer na Índia o ensina a ser extremamente adaptável a quase todas as situações. A Índia sempre foi e continua sendo constantemente bombardeada por influências, migrações, ocupações e assim por diante. Além disso, é uma nação muito resiliente. É um país que prepara as pessoas para as adversidades, e você acaba se acostumando a ter extremos opostos coabitando espaços muito próximos. Portanto, estamos praticamente prontos para lidar com as eventualidades.

De certa forma, isso surpreende um pouco, mas você não se sente oprimido, e foi isso que me ajudou. Por ter sido exposto a muitos eventos e situações diferentes, acabei me tornando um solucionador de problemas com a capacidade de recorrer a várias pessoas, disciplinas e fontes especializadas, o que é extremamente importante.

Outro aspecto que tem sido útil é que, de alguma forma, os indianos se tornaram cidadãos mais globais do que muitos em qualquer outra nação, graças à combinação da história e do legado do Império Britânico. Você encontra indianos em todas as classes sociais em quase todas as partes do mundo, fazendo todo o tipo de coisas. Há algo na história do país e na sua relação com o resto do mundo que nos permite tal mobilidade.

A agilidade ou a adaptabilidade de que você fala é inteligência contextual na sua terminologia.
Com certeza, porque, mesmo com uma breve noção da Índia, é possível perceber que quase nada no país acontece de maneira linear. Existem diversas reviravoltas e movimentos laterais. A não linearidade e a aleatoriedade são aspectos essenciais do modo como se pensa sobre a vida, e eles, no geral, não fazem parte da lógica empresarial clássica.

Eles têm relação com a política, com o estado da condição humana e com o ambiente. Assim, o contexto está em primeiro plano, e não no plano de fundo. A meu ver, o conhecimento contextual muitas vezes supera o conhecimento racional empresarial, uma vez que esse conhecimento racional é mais fácil de ser reconhecido e aprendido. O conhecimento contextual é que é muito, muito mais difícil.

É possível desenvolver a capacidade de aprender esse conhecimento contextual?
Acredito que possa ser desenvolvido e que é fruto de uma combinação entre expor as pessoas a uma série

de experiências e fornecer a elas a experiência educacional clássica.

O problema é que formamos profissionais isolados em nossas instituições de graduação. Mandamos os advogados para a faculdade de direito, os empresários para a faculdade de administração, as pessoas políticas para a faculdade de relações internacionais, e eles compõem tribos separadas. Então, ao longo de suas experiências profissionais, podem ou não desenvolver esse conhecimento contextual. Os que desenvolvem acabam se tornando líderes, inovadores ou grandes pensadores.

Embora muitos sejam tecnocratas competentes, permanecem limitados à sua área e ao seu papel. Parte do meu objetivo é derrubar essas paredes tribais e criar uma geração de futuros líderes treinados para pensar sobre as questões de forma intrinsecamente interdisciplinar.

Você está falando sobre um estilo de ensino empresarial mais direto, interativo e atual.
Exatamente. Um que utilize uma abordagem de resolução de problemas diferente, que apresente aos alunos alguns problemas realmente grandes e complicados e explique a eles que a solução requer a compreensão desses problemas a partir de uma desconstrução com várias ferramentas. Mas que também os ensine que é necessário agregar soluções, e que essas próprias soluções exigem múltiplas ferramentas.

É a inteligência contextual?
Sim, e ela envolve estar ciente das interligações entre as decisões que você toma como um líder de negócios

e todos os outros elementos, como: qual o estado da condição humana na parte do mundo em que opero? Qual a situação local e geopolítica? Qual o nível de segurança, tanto nacional quanto em termos de recursos naturais e recursos humanos? Qual o estado ambiental nesta parte do mundo? E como todos esses elementos pesam nas decisões que tomamos nos negócios?

Na administração, estamos criando um precedente perigoso ao simplificarmos as escolhas que os gestores têm de fazer, o que resulta em decisões muitas vezes catastróficas. Não me refiro apenas ao que acarretou a crise financeira recente, mas também ao desastre Rana Plaza, em Bangladesh, em 2013. Na minha opinião, muito disso resulta diretamente de estruturas muito simplificadas, como o modelo das cinco forças que ensinamos na primeira aula de estratégia, no primeiro ano do curso de administração, em todas as faculdades de administração do mundo.

De que forma se dá esse simplismo?

O modelo das cinco forças é basicamente um atalho utilizado na identificação de quais partes do mercado são mais atraentes, o que é feito com base em onde você tem uma vantagem ideal de negociação com outros integrantes do mercado.

Quando traduzo isso para uma negociação com um fornecedor de Bangladesh, otimizo essa negociação ao pressionar o fornecedor, já que sou varejista de vestuário ou de marca e quero me manter competitivo em uma indústria altamente competitiva. Uma maneira de fazer isso é pressionando o fornecedor ao máximo. É esse tipo de coisa que se aprende nas faculdades de administração.

Os fornecedores, por sua vez, acabam transferindo suas fábricas para lugares nada seguros, onde há até risco de desabamento, a fim de manter seus custos baixos. Como a cadeia de fornecimento global está cada vez mais dispersa por todas essas partes do mundo onde o contexto não pode ser definido claramente, onde não há segurança nas construções e onde as leis trabalhistas, as estruturas governamentais, os sistemas jurídicos e as leis ambientais não são aplicadas, não podemos garantir coisa alguma; e é por isso que as calamidades não acontecem apenas em Bangladesh.

Esse é apenas um exemplo de como estamos preparando as pessoas do modo errado. Devemos seguir outro caminho se o nosso objetivo for manter o crescimento global. Espero conseguir fazer uma pequena diferença, um pequeno desvio, nessa caminhada.

Mas as pessoas não gostam muito de coisas complexas. Quando vão para as faculdades de administração, o que querem são atalhos e simplificações, certo?

Sem dúvida. Passei quase 20 anos trabalhando com gestores e acho que nós da academia temos a tendência de achar que eles nunca têm tempo. E, por isso, precisamos literalmente simplificar tudo. De fato, os gestores não têm tempo, mas não atribuímos a eles o tipo de inteligência que realmente têm. Quando os gerentes precisam enfrentar as reais crises que os afetam, percebem que lhes falta conhecimento e ferramentas que os capacitem a tomar boas decisões diante de muita complexidade.

Infelizmente, o que acontece é que a academia é cheia de acadêmicos que praticamente não fazem parte dessa realidade confusa, e por isso não estamos servindo muito bem nossos clientes finais.

No seu trabalho atual, o que representa o sucesso?

Para mim, a maior conquista seria preparar os jovens que vão gerenciar as instituições daqui a 10, 15, 20 ou até mesmo cinco anos. Eu gostaria de oferecer a eles uma combinação entre a inteligência contextual e a inteligência empresarial clássica, para que possam tomar decisões mais sensatas. Eles vão gerenciar a Gap, a H&M ou a Zara, e vão fazê-lo de modo que os prédios de suas fábricas não vão precisar ser destruídos.

A próxima geração do iPad será gerenciada por eles e não haverá pessoas pulando das janelas das fábricas. Vão desenvolver uma forma de negócio que não precise esgotar recursos naturais. Vão explorar novos mercados em lugares como a África subsaariana cientes de que, para começar a próxima franquia do KFC no Quênia, é preciso saber que não há fornecimento de aves no leste da África, ou em qualquer parte dela, que possa atender à demanda. Então, é preciso descobrir não só como ser um revendedor de frango frito de primeira linha, mas também como resolver o problema na cadeia de fornecimento e tornar-se um fornecedor de tecnologia para a indústria avícola emergente nessa parte do mundo. Meu objetivo é dar um pequeno empurrão e fornecer um quadro que ajude a criar pessoas capazes de tomar esses tipos de decisões.

Você continua voltando à resolução de problemas.

Continuo voltando a isso porque, bem ou mal, temos muitos problemas complexos para resolver.

Pensamento 2.0

Se o contexto é rei, o contexto indiano forneceu inspiração e *insight* a muitos outros que foram afetados pelo crescimento econômico e pela ampliação de horizontes no país.

Além dos pensadores nascidos na Índia destacados neste livro, incluímos um ou dois pensadores de territórios vizinhos cujas ideias foram forjadas no mesmo forno intelectual. Subir Chowdhury, por exemplo, nasceu em Bangladesh e frequentou o Indian Institute of Technology, em Kharagpur.

Está claro que há um grupo de pensadores indianos da segunda geração com uma perspectiva claramente indiana. Embora tenham nascido fora da Índia, a influência de seus pais e a exposição à cultura e às maneiras de pensar indianas resultou em uma perspectiva diferente daquela das culturas nas quais cresceram. Juntos, o Oriente e o Ocidente constituem um caldeirão cultural potente. Muitos desses pensadores combinam nomes indianos com sotaques americanos ou britânicos. Nesse aspecto, são como os imigrantes da primeira geração: entre dois mundos, abertos a oportunidades desses mundos e livres das tradições deles.

Os pensadores da segunda geração incluem pessoas como Sheena Iyengar, Deepa Prahalad e Rakesh Khurana.

Nascida em Toronto, Canadá, depois de seus pais saírem de Delhi, Sheena Iyengar ocupa a cadeira de Professora de Administração S.T. Lee na Columbia Business School, na qual leciona desde 1998. Seu *best-seller The Art of Choosing* (2010), uma investigação interessante sobre como fazemos escolhas no cotidiano, foi finalista do Financial Times and Goldman Sachs Business Book of the Year Award em 2010.

Iyengar tornou-se membro do Thinkers50 em 2011. Em 1972, seus pais se mudaram para Flushing, no Queens, onde seu pai ajudou a estabelecer o primeiro templo sikh; em 1979, a família se mudou para Nova Jersey. Iyengar cresceu em um ambiente bicultural, seguindo os princípios do sikhismo com sua família, mas participando da cultura americana fora de casa.

Ela explica sua fascinação pelo ato da escolha em uma entrevista concedida ao Big Think.com:

> Acho que, de certa forma, tenho pensado sobre escolhas desde pequena. Sou filha de pais imigrantes sikhs, então sempre transitei entre uma família sikh e o mundo exterior americano. Como o nosso era um lar sikh bastante tradicional, tinha de seguir regras como estas: não pode cortar o cabelo, precisa carregar um pente consigo, nunca deve tirar sua roupa íntima, nem mesmo no banho, deve vestir-se de forma discreta e assim por diante. Eu vivi e cresci em uma família muito conservadora, mas, ao mesmo tempo, frequentava uma escola nos Estados Unidos na qual me ensinavam a importância das escolhas pessoais.
>
> Assim, em casa tudo se resumia a aprender tarefas e responsabilidades, ao passo que na escola era possível decidir até mesmo o que se queria comer. Você podia decidir sobre seu visual e sobre o que seria quando crescesse. Então, quando as pessoas descobriram que meus pais tinham tido o casamento arranjado, acharam a coisa mais absurda do mundo: como alguém poderia permitir que um casamento fosse arranjado por outra pessoa? Fui para casa e meus pais pareciam normais. Eles não pareciam achar que foram vítimas de algum campo de concentração nazista ou algo do tipo. O fato de eu estar sempre entre essas duas culturas foi o que levantou a questão "quão importante é a liberdade pessoal?". E acho que essa sempre foi uma questão interessante para mim.
>
> Enquanto crescia, descobri que estava ficando cega (Iyengar foi diagnosticada com uma forma rara

de retinite pigmentosa e já estava totalmente cega quando entrou para o ensino médio; percebia apenas a luz). Isso não só influenciou o meu interesse sobre escolhas, como também resultou no surgimento contínuo de muitas perguntas sobre quantas escolhas realmente poderia fazer.*

Deepa Prahalad, a filha de C. K. Prahalad, também é estrategista empresarial e pensadora em administração. Em *Predictable Magic* (2011), publicado em coautoria com o designer industrial Ravi Sawhney, ela investiga por que 80% dos novos produtos falham ou têm um desempenho fraco, enquanto alguns poucos produtos superam as expectativas. Por que isso acontece? Porque, segundo ela, o objetivo dos seus criadores não é fornecer objetos utilitários; mas, sim, criar experiências gratificantes que influenciem emocionalmente seus usuários.

Prahalad e Sawhney introduzem a ideia de *psycho-aesthetics* (psicologia estética), uma maneira de criar conexões emocionais entre consumidores e marcas que podem ser transferidas para seus novos produtos. A capacidade de desenvolver a *psycho-aesthetics* permite às empresas utilizar o poder da estratégia de design para criar a magia previsível do título do livro.

Rakesh Khurana é provavelmente o pensador indiano da segunda geração mais conhecido. Desde 2007, faz parte do ranking do Thinkers50. Khurana ocupa a cadeira Professor de Liderança Marvin Bower, na Harvard Business School. É conhecido por seus livros *Searching for a Corporate Savior: The Irrational Quest for Charismatic CEOs* (2002) e *From Higher Aims to Hired Hands: The Social Transformation of American Business Schools and the Unfulfilled Promise of Management as a Profession* (2007).

Neste último livro, Khurana argumenta que as faculdades de administração surgiram com a grande ideia de profissionali-

---

* http://bigthink.com/users/sheenaiyengar.

zação da gestão. No entanto, esse é um projeto inacabado. "Meu argumento é que, para além das perguntas sobre a eficácia da formação, a maioria dos alunos de MBA quer que seu trabalho tenha importância; eles querem ser profissionais. Mas as faculdades de administração não estão ensinando a eles como unir seus valores pessoais com o trabalho que vão desempenhar".

Khurana é uma das estrelas em ascensão de Harvard. Sua crítica é comedida e categórica. Seu livro é um passeio impressionante pela história social e intelectual das faculdades de administração das universidades dos Estados Unidos. Ele mostra como o desejo de elevar a administração primeiro a um plano profissional e depois a um patamar científico tem guiado o ensino dessa disciplina e moldado a gestão norte-americana por mais de um século.

As faculdades de administração nos Estados Unidos surgiram no final do século XIX, ele argumenta, quando membros de uma elite gerencial emergente, buscando um status social que se equiparasse à riqueza e ao poder que tinham adquirido, começaram a trabalhar com grandes universidades. Os novos barões comerciais planejavam estabelecer programas de pós-graduação em administração no nível dos de medicina e direito.

Na tentativa de tornar a gestão uma profissão, eles enfrentaram sérios obstáculos. Precisavam sistematizar o conhecimento relevante para os profissionais de gestão e desenvolver as normas obrigatórias de conduta. O que não era fácil.

Khurana, baseando-se em um rico acervo de faculdades de administração, fundações e associações acadêmicas, evidencia como essas novas faculdades confrontaram tais desafios utilizando diferentes estratégias durante a Era Progressista e a Depressão, os anos de expansão pós-guerra e as últimas décadas de capitalismo independente.

Mas o livro é mais do que apenas uma odisseia histórica; é também um sincero apelo às faculdades de administração para que redescubram o seu propósito maior.

Essas faculdades, como a de Harvard, na qual Khurana trabalha, foram fundadas para treinar uma classe profissional de gestores; um treino semelhante àquele oferecido a médicos e advogados. Mas, argumenta com veemência, elas recuaram desse objetivo. Isso deixou um vácuo moral no centro do ensino empresarial e, sem dúvida, na própria gestão.

Khurana também diz que, nos últimos anos, as faculdades de administração, em grande parte, renderam-se à batalha pelo profissionalismo e tornaram-se meras fornecedoras de um produto, o MBA. Os ideais profissionais e morais que um dia inspiraram seus ensinamentos foram ofuscados pela ideia de que a única medida significativa dos gestores é sua capacidade de criar valor aos acionistas.

Em última análise, no entanto, isso é uma abdicação da responsabilidade. Khurana acredita que chegou o momento de atualizar a formação dos futuros líderes empresariais e finalizar o projeto de profissionalização.

Quando conversamos com Khurana, ele explicou a importância de sua herança cultural indiana.

> Nasci na Índia e vim para os Estados Unidos quando tinha quase quatro anos. Sou um imigrante de segunda geração.
>
> Atualmente, há uma diversidade muito maior na academia do que havia há 25 anos, não apenas com relação a indianos, mas também a mulheres afrodescendentes.
>
> Como consequência das mudanças econômicas da Índia, que agora é uma nação produtora de todo tipo de software, e de um foco maior na China e na globalização, há uma sensibilidade e uma noção muito maior de que os centros econômicos do futuro podem não fazer parte do eixo tradicional Europa Ocidental e América do Norte. Estamos presenciando uma mu-

dança drástica à medida que a Índia surge no setor de serviços, com uma força de trabalho muito bem qualificada e uma sociedade historicamente empreendedora, e que a China ascende como grande potência.

Como o número de indianos aumentou entre a população imigrante, a segunda geração tende a ser mais autoconfiante ao participar de grandes debates sociais. É possível observar isso especificamente na literatura, pois há um conhecimento maior das literaturas indiana e chinesa. Esse tipo de segunda geração de identidade contribui para uma consciência mais ampla da própria cultura. O que não é novidade. Nos Estados Unidos, vimos isso acontecer com a influência dos imigrantes irlandeses no século XIX e dos imigrantes judeus no século XX.

Qualquer imigrante sente que tem uma identidade dupla: você percebe todas as instituições como alguém de fora. Para mim, em particular, o contraste entre a filosofia oriental e a ocidental era bastante grande. As concepções que meus pais tinham sobre sociedade e sobre suas responsabilidades para com a família, e até mesmo sobre a importância das profissões, eram muito diferentes daquelas que encontrei no lugar onde cresci. Essa tensão ou dialética significa muitas vezes que você se sente um "outro" em ambos os grupos; em sua família, você não é totalmente indiano nem totalmente americano.

De que forma o seu passado indiano influencia o seu modo de pensar?

Há um aspecto em que ele influencia muito a minha perspectiva: a importância dos direitos e dos deveres na vida. Há uma forte orientação para a ideia de que não se obtém realização com individualismo, e que a realização e o dever envolvem o avanço da comunidade, ou seja, a família e a cidade em que se vive. Em última análise, isso se torna o modo como a pessoa obtém realização e desempenha seus deveres. Este é o tipo de questionamento que serve de guia para mim: qual a minha obrigação com relação aos meus estudantes? Qual a minha obrigação com relação à minha pesquisa e à sociedade? Isso com certeza tem uma grande influência na minha maneira de pensar.

Qualquer um que vem de uma sociedade comunitária possivelmente sente isso também. Por estarem nos Estados Unidos, meus pais ampliaram esse sentimento, balançaram o pêndulo ainda mais nessa direção. Então, talvez por ter crescido em Nova York, eu tenha tido uma versão ligeiramente artificial desses valores, algo que não teria acontecido se tivesse crescido na Índia. Tive que acreditar nos meus pais.

Tentando acompanhar o passo

Há também a impressão de que os pesquisadores estão apenas começando a perceber o que aconteceu na Índia e o que está acontecendo nas empresas indianas atuais. Quando as explosões econômicas acontecem, o campo teórico tem o mau hábito de ficar impotentemente para trás. Agora, um pouco sem fôlego, está se aproximando, começando a perceber as melhores práticas indianas e as lições úteis.

A próxima geração de pensadores indianos já está a todo vapor. Ela inclui Kamalini Ramdas e Rajesh Chandy, da London Business School, Anindya Ghose e Arun Sundararajan, da Stern School of Business da New York University, Ravi Bapna, da Carlson School da University of Minnesota, e Vallabh Sambamurthy da Michigan State, além de muitos outros.

Entre os novos pensadores indianos está Kiron Ravindran, da IE Business School. Seu trabalho centra-se na tendência dos pensadores de direcionar suas pesquisas para lidar com questões que surgiram com a ascendência emergente da Índia.

Conversamos com Kiron Ravindran em seu escritório em Madri.

Qual o princípio orientador do seu trabalho?

Essa pesquisa começou quando fiz um doutorado para entender por que os projetos terceirizados estavam dando errado. Imaginamos que devia haver algo mais grave do que simplesmente falar um dialeto diferente, ter um problema de sotaque ou de comunicação. Eu queria fazer a diferença no tipo de trabalho ao qual estava exposto, por mais louco que isso pareça!

Conte-nos sobre o triângulo do diabo.

A expressão remonta aos primórdios da consultoria de TI. O triângulo do diabo designa os problemas que surgem por meio de clientes que não sabem o que querem ou fazem perguntas sem sentido; de comerciantes que aprovam essas coisas sem sentido ou que tentam empurrar o seu próprio software; e de integradores de sistemas que tentam fazer dinheiro empurrando mais TI do que o necessário, convencendo os clientes de que precisam de mais do que realmente precisam.

Qual o foco da sua pesquisa agora?

Ao final do meu doutorado, estava mais sábio e percebi que não há uma resposta óbvia que explique por que a terceirização de TI geralmente enfrenta problemas. Em vez disso, há diversos elementos que podem contribuir tanto para o sucesso quanto para o fracasso. Comecei a me interessar por teorias sociológicas que argumentam que o modo como você está conectado às pessoas pode afetar as suas relações e o sucesso de qualquer interação na qual esteja envolvido. Tentei aplicar essa ideia ao contexto das empresas. Como elas não operam em um vácuo, mas sempre inseridas em uma rede de outras empresas, então há uma maneira de descobrir se é possível prever o sucesso ou o fracasso com base no quanto estão conectadas?

Talvez as empresas que estão melhor inseridas em uma rede de outras empresas sejam mais bem-sucedidas. Além disso, como se espera que as pessoas que têm maior reputação se comportem melhor porque há muito em jogo, as empresas com o capital de maior reputação provavelmente vão respeitar seus contratos, pois os riscos são mais altos. Se elas não cumprirem o contrato, mais pessoas vão ficar sabendo.

Assim, no que diz respeito à terceirização, se uma empresa tem muitos contratos com outras pessoas ou outras empresas, a probabilidade de se comportar bem é maior.

Há um indicador, que chamo de capital social, baseado na quantidade de contratos ou em quem você está conectado, ou coisas assim, que indica o grau de confiabilidade de uma empresa. Isso significa que um cliente pode avaliar o comerciante, e vice-versa, de acordo com suas conexões, para decidir se concede um contrato mais longo ou mais curto; portanto, esse capital de reputação se traduz em valor econômico, em termos de um contrato mais longo.

Quando você conversa com representantes de empresas e executivos, eles entendem o valor do capital social?

Eles entendem a ideia geral de que seus amigos dizem muito sobre você. Isso é intuitivo.

A parte difícil é: como é possível medir ou colocar isso em prática? É possível converter esse outro amigo em mais um mês de contrato? Essa é a parte difícil de convencer as pessoas, mas, estatisticamente, meus dados abrangem cerca de 20 mil contratos ao longo dos últimos 20 anos.

Há atitudes culturais diferentes nesse apanhado de dados?

Na verdade, há muitos indicadores de que o capital social é fortemente influenciado pela cultura. Há estudos muito interessantes sobre como os governos ou as pessoas responsabilizam outras pessoas em países com sistemas jurídicos ruins. No Vietnã, por exemplo, é preciso "se desviar" somente uma vez para ser banido do mercado.

Ninguém deixa de cumprir o contrato, pois é um esforço coletivo, um estímulo muito mais poderoso do que qualquer medida legal de execução. De certa forma, isso é o que acontece na terceirização em TI, pois é difícil executar essas coisas a partir do código de lei. É complicado e se gasta muito tempo e dinheiro, então o medo de ser excluído pela comunidade, sem a possibilidade de conseguir outro contrato, é um bom motivo para se manter na linha. Se esse tabu permanecer na indústria, é provável que, em culturas mais coletivas, você encontre uma forte adesão ao comportamento baseado no capital social.

Quais as empresas que entendem isso? Onde está a melhor prática?

A tradicional Big Six tem feito isso razoavelmente bem há algum tempo. A IBM, a HP e a EDF, que agora pertence à HP, historicamente já fazem isso muito bem. Mas hoje vemos empresas emergentes, em especial indianas, como MForce e Tata, recebendo projetos de longo prazo e de alto valor, bem como projetos e contratos de alto calibre, provavelmente como resultado de terem ganhado de forma substancial essas assinaturas. Acredito que está dando certo para elas, e acho que daqui a algum tempo vamos vê-las competindo cada vez mais com as IBMs do mundo, e não apenas pelo custo, mas também em termos de qualidade, competência, inovação e assim por diante.

Você acompanhou a ascensão econômica da Índia sob várias perspectivas. Você estava na Califórnia, agora está em Madri. Deve ser uma experiência surreal ver seu próprio país se transformar e, o mais importante, ver as percepções das pessoas se alterarem em relação à Índia, bem como a transformação das empresas indianas.

Com certeza. Comecei minha graduação em 1991, o ano em que a Índia abriu o seu mercado, então todos que entraram na faculdade de engenharia naquele ano estavam bastante otimistas. Em 1995, quando nos formamos, as oportunidades eram muitas. Era fácil conseguir emprego, e isso continuou mesmo depois do *boom* da Internet. Mas a moral caiu um pouco, e acho que o resultado desse processo é que saímos do estado de complacência caracterizado pela crença de que as coisas continuariam do jeito que estavam.

De repente, a ideia de que você poderia fazer a diferença tomou forma. Até então, trabalhava-se no mesmo emprego até se aposentar. Em geral, tentava-se o máximo possível manter a estabilidade no trabalho. Mas, em 2000, as pessoas começaram a deixar seus empregos por vontade própria, só porque podiam, uma vez que havia outros empregos disponíveis e que o mercado parecia positivo; o que, a meu ver, teve um impacto maior no longo prazo. Isso mudou o modo como as pessoas pensavam sobre suas carreiras, suas vidas e o que podiam alcançar.

Você está otimista com o que está acontecendo na Índia?

No longo prazo, estou bastante otimista em relação à Índia por diversos motivos. Um deles é que temos alguns gestores realmente bons gerenciando empresas realmente boas, e em breve a diferença será bastante óbvia, se já não é.

Veja o projeto de identidade universal (UID), que está tentando dar registro de nascimento e carteira de identidade para 1 bilhão de pessoas. Nenhum outro país no mundo tentou fazer algo dessa magnitude, e o projeto é liderado pelo gestor de uma empresa de TI. É claro que se trata do fundador da empresa de TI, mas ainda assim é um profissional de TI liderando o projeto, e isso é muito bom. Não estamos mais fazendo apenas o código Java para uma empresa do Vale do Silício.

O que você acha que os líderes ocidentais podem e devem aprender com a Índia? O que eles não estão percebendo quando olham para a Índia e para o modo como as empresas são gerenciadas? Você falou sobre se sentir à vontade com a ambiguidade, mas há algo mais que as empresas ocidentais não entendem ou que estão deixando passar?

É uma questão de equilíbrio entre yin e yang. Há sempre inúmeras verdades. Há sempre uma perspectiva diferente. Há sempre um legado diferente que cada pessoa carrega, e, se você entende isso, entende por que essa pessoa se comporta de determinada maneira. Bertrand Russell disse que tudo que você escuta sobre a Índia é verdade, e o oposto também.

Quando Satya Nadella foi nomeado CEO da Microsoft, os blogs perguntavam: qual será a grande mudança que ele vai fazer?, e ele disse que não faria grandes mudanças. E se você segue a linha de pensamento de Jack Welch, você pensa: como é possível ser o novo CEO, o homem da transformação, e não fazer qualquer grande mudança?

No entanto, acredito que essa seja a nova e boa gestão, que diz: "Tudo bem, você não precisa necessariamente fazer mudanças só por fazê-las. Vamos descobrir por que essas coisas estão funcionando do jeito que estão e vamos fazer as pequenas alterações necessárias." Se você consegue trabalhar com as restrições atuais, pode mudar o que precisa ser mudado.

CAPÍTULO 9

Pensando no trabalho

Não há nada tão prático quanto uma ótima ideia, e por isso gostaríamos de finalizar nosso livro recontando as histórias de alguns dos líderes empresariais e empresas mais interessantes que conhecemos. Suas histórias são provas do poder de muitas das ideias discutidas neste livro.

Há pouco tempo, escrevemos um artigo sobre a empresa indiana Infosys. Ela nos fez perceber como a visão indiana sobre a realidade corporativa e comercial é diferente.

A Infosys é uma lenda no mundo empresarial indiano – e com razão. Sua trajetória é tão incrível que, se tivesse acontecido no Vale do Silício, teria sido transformada em filme. A história do empréstimo de $ 250 a Narayana Murthy, em 1981, merece ser contada. O empréstimo foi feito por sua mulher. O engenheiro de TI abriu a empresa em Pune, com mais seis engenheiros. Ela atingiu um faturamento anual de $ 100 milhões em 1999, $ 200 milhões em 2000, $ 400 milhões em 2001, $ 500 milhões em 2002, $ 1 bilhão em 2004, $ 3 bilhões em 2007 e $ 5 bilhões em 2010. Agora, a primeira empresa indiana a ser listada na Nasdaq tem 150 mil funcionários, um valor de mercado de $ 32 bilhões e vendas anuais de $ 7 bilhões.

Para aqueles que não conhecem a trajetória da empresa, comumente conhecida como Infy, parece ser a clássica história de um sonho que virou realidade. Na verdade, a Infosys incorpora muitas das características marcantes que a melhor gestão indiana tem a oferecer.

A primeira ideia brilhante da Infosys centrava-se em otimismo ou audácia, dependendo do ponto de vista. Começou com uma perspectiva global. O mundo era o seu mercado desde o início. O mercado interno da Índia não era atrativo pelo simples motivo de que, no início de 1980, não havia muitas empresas indianas que comprassem os serviços oferecidos pela Infosys.

"A posteridade não perdoa se você não sonhar grande", diz Narayana Murthy. "Você deve isso aos seus clientes, colegas, investidores e à sociedade. Todas as grandes civilizações, todos os grandes avanços científicos e tecnológicos e todas as grandes empresas são construídas a partir de um grande sonho."

A visão da Infosys permanece a mesma desde o seu primeiro dia: "Seremos uma empresa respeitada no mundo inteiro". Ela tem uma simplicidade atraente, uma narrativa interna que faz seu sucesso parecer inevitável. (Talvez a comparação mais óbvia seja com Thomas Watson Sr., que renomeou a Computing Tabulating Recording Company como International Business Machines quando não tinha clientes fora dos Estados Unidos.)

O estilo da Infosys tem sido estudado por diversos ângulos. Sua gestão de pessoas tem sido aclamada, merecidamente, assim como o seu compromisso com a ética nos negócios e as suas aspirações e caráter globais. A missão da empresa é "Alcançar nossos objetivos em um ambiente justo, honesto e cortês para com nossos clientes, funcionários, fornecedores e sociedade em geral", e seus valores declarados são "Acreditamos que o travesseiro mais macio é a consciência limpa".

"Os fatores que diferenciam uma empresa de seus concorrentes são um sistema de valor duradouro, uma mente aberta, uma abordagem pluralista e meritocrática, bem como a prática da agilidade, da imaginação e da excelência na execução. A prioridade dos líderes deve ser criar tal ambiente", observa Narayana Murthy.

Ao conversar com os executivos da Infosys, duas coisas chamaram atenção. Primeiro, há uma atmosfera de preocupação com a empresa e seus integrantes. Seria de esperar que em uma empresa de rápido crescimento houvesse uma atmosfera heroica de oportunismo. No entanto, os líderes dessa empresa são ativamente intelectuais, em vez de cegamente ativos.

"Se você observar o slogan da empresa e nossos cartões de visita, verá que diz o seguinte: 'alimentada por intelecto e impulsionada por valores'. Essas ideias são extremamente importantes para a empresa porque realmente refletem muito o que estamos fazendo e por quê. Você pode fazer todo o treinamento e todas as preparações, mas, quando entra em campo e a arma é disparada, você corre o mais rápido que consegue", brincou o vice-presidente sênior Sanjay Purohit quando conversamos.

Segundo, apesar de seu crescimento digno de nota, a Infosys consegue conciliar de forma competente os valores de curto e longo prazo. Seus líderes conseguem focar sua atenção na resolução dos detalhes da entrega de projetos complicados e ampliá-la para ver o quadro geral. "Se o valor do cliente for de fato importante, então é preciso se preocupar não somente com o valor de curto prazo, mas também com o valor de longo prazo; é preciso entender de onde o valor dos clientes viria com o tempo e como estamos preparados para isso", diz Purohit, que começou a trabalhar para a empresa em 2000. "Não estou trabalhando para uma empresa propriamente dita. Não estou trabalhando em um cargo. Estou construindo algo que é de valor para os nossos clientes, nossos funcionários e nossos acionistas. Por volta de 2000 ou 2001, parei de trabalhar *para* a Infosys e comecei a trabalhar *com* ela".

Outros funcionários ecoaram tais comentários. Um deles nos disse que tratava a Infosys com respeito e dedicação como se fosse sua própria empresa. Esse refrão é comum entre os colaboradores. Enquanto outras empresas seriam desestabilizadas pelo rápido crescimento e perderiam o contato com seus fundamentos, os funcionários da Infosys continuam engajados. E isso não é por acaso.

A Infosys foi a primeira empresa indiana a oferecer opções de ações aos seus funcionários. Seu compromisso com a formação e o desenvolvimento é igualmente distinto. Grande parte disso ocorre em um campus de 337 hectares em Mysore, o maior centro de treinamento corporativo do mundo, descrito por um comentarista como "o Taj Mahal dos centros de formação".

A empresa também tem conexões com as melhores instituições acadêmicas e trabalha com mais de 105 faculdades no mundo todo. Ela seleciona a dedo as instituições de diferentes áreas, como administração, tecnologia e artes liberais, o que significa que os estagiários não são contratados com base no método aleatório adotado por outras empresas. Em vez disso, eles são cuidadosamente selecionados e educados.

De acordo com Sanjay Purohit: "Os melhores líderes de amanhã vão sair dessas faculdades, então nosso objetivo não é desenvolver uma visão de curto prazo, que é o que a maioria das empresas faz. Queremos estabelecer relações com alguém que futuramente se tornará CEO, COO, CFO ou CIO. Queremos que eles compreendam e apreciem o trabalho que estamos tentando fazer, porque no futuro, quando estiverem em cargos de liderança, vão entender nossa ênfase e tomarão suas decisões de forma mais inteligente".

Funcionários em primeiro lugar

Sem dúvida, a Infosys é somente uma das histórias indianas de sucesso. Há muitas outras dignas de atenção e imitação. A HCL Technologies é uma delas. A empresa desafiou a ortodoxia da gestão, proclamando que os funcionários devem vir em primeiro lugar, e não os clientes.

Sua filosofia é condensada em quatro palavras: *Funcionários em primeiro lugar*, "uma abordagem de gestão única que libera as energias criativas dos nossos mais de 85.335 funcionários e coloca essa força coletiva para trabalhar a serviço de problemas empresariais dos clientes." Na prática, isso significa que há uma ênfase na transparência. A HCL classifica os gestores de acordo com os aspectos de seu desempenho, incluindo visão estratégica, capacidade de comunicação, capacidade de resolução de problemas e capacidade de resposta. Não há nada de estranho na execução desse procedimento. O que não é comum é que os resultados da pesquisa – os números e os comentários – são agregados e publicados *online* para que todos os funcionários possam conferir.

Pode ser um método simples, mas a HCL é extremamente bem-sucedida. Os números sólidos de desempenho validam a sua abordagem bastante simples. Na verdade, a HCL tem números suficientes para apoiar seu método humanista. Seus resultados de 2012 alcançaram uma receita de $ 4,1 bilhões, um aumento de mais de 17%; o número de clientes tornou-se cinco vezes maior, representando mais de $ 100 milhões; e, durante o ano, Eli Lilly, uma empresa farmacêutica global, e a HCL abriram um Co-Innovation Lab, em Cingapura, para o desenvolvimento de novas tecnologias.

Entre mais de 3.000 empresas de tecnologia do banco de dados da Bloomberg, apenas sete possuem uma receita maior de $ 2,5 bilhões, uma capitalização de mercado de mais de $ 5 bilhões e uma taxa de crescimento anual superior a 25% nos últimos cinco anos. A HCL Technologies está entre elas.

A arte de fazer rafting

Fomos até o escritório da HCL em Londres – um dos 31 escritórios no mundo inteiro – para aprender sobre os fatos reais e o trabalho árduo que estão por trás dos métodos simples da empresa. Nos encontramos com o então CEO e vice-presidente, Vineet Nayar. Autor do *best-seller* sobre o estilo da HCL (*Employees First, Customers Second**), Nayar é bastante afável: "Em sete anos, tivemos um crescimento de 600%; o que mais poderíamos querer?", observa com um sorriso. "Colocar os colaboradores em primeiro lugar nos proporcionou uma vantagem competitiva."

Vineet Nayar entrou na HCL em 1985 como estagiário de gestão e foi subindo de posição dentro da empresa até tornar-se presidente da HCL Technologies (há também uma empresa irmã, a HCL Infosystems) em 2005.

O crescimento traz seus próprios problemas. Um crescimento impetuoso resulta, no mínimo, em expectativas. Nayar não acredita na ideia de que o crescimento gera problemas. "Se você vê desafios como desafios e não como oportunidades, então não deveria estar no campo da gestão. Se você fosse um piloto de Fórmula 1, as curvas seriam oportunidades ou ameaças?

"A história da HCL é uma aposta no crescimento de serviços de tecnologia. No final dos anos 1990, 45% do nosso fatura-

---

*N. de E.: Publicado em língua portuguesa pela Bookman Editora sob o título *Primeiro os Colaboradores, Depois os Clientes*, 2011.

mento vinha do desenvolvimento de tecnologias. Éramos muito bons no que fazíamos. Mas, quando a tecnologia entrou em crise, em 2000, os gastos com tecnologia desapareceram de repente, então tivemos de reinventar o nosso modelo de negócio. Observamos nosso espaço no mercado e notamos que havia muita ênfase no volume; as pessoas tinham esquecido o conceito de valor. Todo mundo estava correndo para a Índia, mas ninguém estava perguntando: 'Estou recebendo valor?' Eu achava que no futuro os clientes ficariam frustrados: 'Consegui uma redução de custo de 30, 40%; e agora?'"

A HCL decidiu posicionar-se como uma empresa cujo objetivo é valor, e não volume. "Estamos decididos a buscar negócios em que sejamos importantes para os clientes e em que possamos criar valor para eles", explica Nayar.

Ele acredita que a desaceleração global que começou em 2008 foi direto para as mãos sensíveis da HCL. "Então, você é a equipe que rema em águas paradas melhor do que ninguém. Tudo bem. Só que agora há turbulência, portanto precisa fazer *rafting*. A maioria das empresas continua reclamando que o ambiente não é adequado para se remar – afirmam que suas habilidades de remo não estão sendo aproveitadas e que estão esperando o ambiente se acalmar para que possam remar novamente. Não. Os gestores não podem se limitar ao que sabem fazer bem. Eles precisam ser bons no que o ambiente exige deles. Caso contrário, devem se afastar e deixar que outra pessoa faça o necessário. Esse é o momento de fazer rafting, de remar intuitivamente, e há uma oportunidade. Na HCL, precisamos nos tornar os melhores remadores da cidade."

Um novo conceito de inovação

Vineet Nayar argumenta que a maneira como abordamos a inovação deve ser reavaliada, revigorada e repensada. "Se a inovação for criada dentro da organização, ela será medida como todas as outras coisas", observa ele. "A inovação precisa ser retirada da organização e incubada. Ela precisa ser mais intuitiva. As inovações muitas vezes são criadas acidentalmente, e isso exige abertura". Nayar hoje realiza experimentos que permitem aos funcionários trabalhar um dia para uma causa social sem prejuízo na remuneração. As únicas condições são que devem fazer isso em grupos de 30 pessoas e que a mais jovem delas deve ser o CEO. Um total de 37.000 funcionários da HCL já se envolveu no experimento.

Para Nayar, as organizações religiosas continuam sendo uma inspiração. Ele inveja seu sentido unificador. "O conceito de funcionários em primeiro lugar fortificou a empresa. Tornou a gestão respeitável", diz ele. "O hoje é o que importa. O aqui e o agora. A mente humana não foi projetada para o passado. Essa história de legado é bobagem". A crença é tudo. A crença pode mudar o mundo.

Um fim empreendedor

Quando estávamos finalizando o manuscrito deste livro, conversamos com o empreendedor indiano Ronnie Screwvala, que tem causado grande sensação no mundo da mídia nos últimos 30 anos, de Bollywood à Disney.

Screwvala lançou a primeira rede de TV na Índia, em 1981. Nos anos 1990, criou a rede UTV. Atualmente ela é um dos maiores conglomerados de mídia e entretenimento da Índia, abrangendo filmes, radiodifusão, televisão, jogos e mídias digitais. Em 2005, Screwvala tornou a UTV pública com uma capitalização de mercado de $ 55 milhões, e, sete anos depois, a Walt Disney Company comprou a UTV por um valor de empresa de $ 1,4 bilhão.

Ele nos disse que, durante a faculdade, envolveu-se com teatro e fez muitas apresentações em frente às câmeras. Sua carreira teatral supostamente chegou ao fim quando decidiu dedicar-se a seu próprio negócio de escovas de dentes, em vez de participar dos ensaios.

Screwvala enfrentou um impasse logo após ter se formado, quando estava pensando no que fazer a seguir. Seu pai, como todos os pais fazem, recomendou que seguisse na contabilidade, pela estabilidade e segurança. Ele queria ser empreendedor, mas concordou e aceitou um emprego. Aguentou três meses.

"Logo no início, percebi que não está no meu DNA pôr em prática a visão de outra pessoa, embora, nessa fase, não conseguisse expressar isso", diz Screwvala. "É preciso entender que, na Índia, ser um empreendedor não era – e ainda não é – a coisa mais fácil do mundo. Há 20 anos, a maioria das pessoas achava que só era empreendedor quem não conseguia um bom emprego em outro lugar. Era praticamente o oposto de inspirador, e você não recebia apoio dos amigos, familiares e assim por diante".

Ele criou seu primeiro negócio de mídia em 1981 e depois fundou a UTV, que está envolvida em radiodifusão, jogos, filmes e outros negócios. Trabalhou em muitos filmes de sucesso como produtor ou coprodutor, de *Dil Ke Jharoke Main* a *Chennai Express*, passando por *Husbands in Goa* e *Hook Ya Crook*. Ao longo do caminho, também lançou o canal infantil mais popular da Índia, Hungama.

"Quando você entra no mundo do empreendedorismo, percebe que o fracasso não é realmente um ponto final. Em muitos aspectos, é uma vírgula, pois, se você considerá-lo um ponto final, não há sentido em continuar nesse campo. Se você considerá-lo uma vírgula, então há sempre algo para continuar escrevendo", disse Screwvala. "Você pode definir o fracasso como um erro, um retrocesso ou um percalço. Às vezes, a situação é ainda pior e você acaba falido. Mas isso é somente o fim da linha naquele momento específico, naquela situação, naquele segmento ou negócio.

"As pessoas dizem que o índice de empreendedores bem-sucedidos é de 1 em cada 10 ou, às vezes, de 1 em cada 20 ou 30. Essa noção me deixa um tanto confuso. Entendo a incerteza, mas ela existe porque decidimos não permanecer naquele caminho específico. Se você decidir se manter no curso, terá de contornar alguns caminhos sinuosos. Você ainda é um empreendedor. Acho que os principais fatores para o meu sucesso são a tenacidade e a vontade de permanecer no caminho."

E o mesmo poderia ser dito sobre a Índia. O fracasso não é uma opção; ele deve ser somente uma vírgula. A continuação da história indiana está sendo escrita por pessoas com ideias e capacidade de colocá-las em prática.

Índice

acionistas, 20
África e marcas globais, 132
Ahuja, Simone, 87-88
alcance, 120
ambição, 12
ambiguidade, 10-11
aplicativos, 90-91
Apple, 129
aprendizado bidirecional, 7-8
aprimoramento, 70-72
arquitetura da informação, 38
arquitetura social, 38
ascensão da Índia, 11-13, 114-115, 151-154
    contexto, 133-134
associação, 92-93
autoridade moral, 36, 45

Bapna, Ravi, 148-149
Bartlett, Chris, 4, 15-16
base da pirâmide (BP), 39, 46-48
    Ver também *The Fortune at the Bottom of the Pyramid* (Prahalad)
Bhatia, Sabeer, 124
Bias for Action (Ghoshal e Bruch), 17
Bossidy, Larry, 4
BP. *Ver* base da pirâmide (BP)
Brand Breakout (Kumar e Steenkamp), 125-132
Breakthrough Idea Award, 48, 74
bricolage, 86
    Ver também inovação *jugaad*
Bruch, Heike, 17

C. K. Prahalad Breakthrough Idea Award, 48
cadeia de valor, 123
Canadá, 100-101
capacidade de agir, 22
capacitações globais, 12
capital emocional, 22
capital financeiro, 18-19
capital humano, 19-22
capital social, 21-22, 149-151
  e atitudes culturais, 150-152
capitalismo
  novas ideias sobre, 43-44
  obrigações éticas e sociais do, 4-5
  Ver também capitalismo acionista
capitalismo acionista, 9, 19-20
capitalismo criativo, 43-44
CellScope, 90-91
centralidade do indivíduo, 33-34
CEOs
  características essenciais para, 57
  fracassos, 58-59
  sucessões, 57-58
Chakravorti, Bhaskar, 134-142
Chandler, Alfred, 110-111
Chandy, Rajesh, 147-148
Charan, Ram, 2, 4, 52-60
China, 111-114, 128
  e marcas globais, 131-132
Chowdhury, Bhagwan, 46-47
Chowdhury, Subir, 59-72, 141-142
Cinnamon Club, 49-52
cocriação, 30-33, 38, 41-42, 44
competências centrais, 28, 41
Competing for the Future (Prahalad e Hamel), 28
conectividade, 42-43

contexto, ascensão da Índia, 133-134
coordenação multilateral, 105-106
corrupção, 62-64
cosmopolitas enraizados, 104
criação de valor, 34-35
cultura, 56

Deming, W. Edwards, 1
democratização do comércio, 41-43
Departamento de Defesa dos Estados Unidos, 65-66
Dham, Vinod, 124
DIY, 85, 89-90
  Ver também inovação *jugaad*

economia da qualidade, 64-69
economias emergentes, inovação *jugaad* em, 88-90
economias ocidentais, inovação *jugaad* em, 89-91
empreendedorismo, 163-164
empresa multinacional/multidoméstica, 16
empresas, como as instituições mais importantes da sociedade moderna, 24-25
empresas globais, 16
empresas internacionais, 16
empresas multinacionais, tipos de, 15-17
empresas transnacionais, 16-17
escola de administração indiana, 4-6
escutar, 70-71
estrutura social, qualidade da, 23
execução, 56-57
Execution (Charan, Bossidy e Burck), 4, 56-57

faculdades de administração, 58-59, 144-146
Feldstein, Martin, 99-100
filosofia de gestão, 18-19
filosofia empresarial, 18
Financial Access @ Birth (FAB), 46-47
Ford, 92-94
Foxconn, 129
fracasso, de CEOs, 58-59
Friedman, Thomas, 98-100
From Higher Aims to Hired Hands (Khurana), 144-146

Gandhi, Mohandas (Mahatma), 36, 45
GE. *Ver* General Electric
General Electric, 74, 124
   e globalização, 107-108
   e inovação reversa, 76-77
   legado de Jeff Immelt, 80-81
   obstáculos na cultura organizacional, 78-79
Gerstner, Lou, 58
gestão, como profissão, 10, 144-146
Gestão da Qualidade Total, 59-60
Getting China and India Right (Gupta e Wang), 111-112
Ghemawat, Pankaj, 9, 98-108
Ghose, Anindya, 147-149
Ghoshal, Sumantra, 2, 4, 8
   legado de, 15-25
   sobre capitalismo acionista, 9
   sobre visão holística de gestão e liderança, 10
globalização, 8-9, 24-25, 98-108
   respostas das empresas a, 107-108
   reversa, 106-107
glocalização, 75-78

Google, como cocriador, 31
Govindarajan, Vijay "VG", 2-3, 8, 73-83, 110-111
grandes tendências globais, 113
Gupta, Anil K., 27-28, 108-115

HCL Technologies, 159-162
histórico de sucesso como obstáculo, 78-79
Hon Hai, 129
Huawei, 111-112

IBM, 88-90
Immelt, Jeff, 74, 79
   legado na General Electric, 80-81
incerteza, 10-11
India e China, 111-114
India Inside (Kumar e Puranam), 123-126
Índia S/A, 117
   ascensão da, 118-119
India's Global Powerhouses (Kumar), 125-126
indústria de pneus, 32-33
Infosys, 155-159
inovação, 122, 161-162
   em empresas multinacionais, 124-125
   frugal, 94-96
   jugaad, 83-96
   na Índia, 123-126
   reversa, 74-77, 124-125
inovação frugal, 94-96
inovação indiana, 123-126
inovação *jugaad*, 83-96
inovação reversa, 74-77, 124-125
integração internacional, 102-103
inteligência contextual, 135-139

interdependência entre
instituições, 34
Iyengar, Sheena, 142-144

Kant, Ravi, 5-6
Kapany, Narinder, 124
Khosla, Vinod, 124
Khurana, Rakesh, 6-7, 144-148
   sobre gestão como profissão, 10
   sobre globalização, 9
Kumar, Nirmalya, 3
   estratégia lançar e aprender, 121-122
   marketing, 119-121
   sobre ambiguidade, 11
   sobre Índia S/A, 118-119

lançar e aprender, 121-122
Lévi-Strauss, Claude, 86
liberdade política, 41
liderança, 35-36
   e inovação *jugaad*, 92-94
   modelos, 59
líderes
   características na nova era, 44-45
   fracassos, 58-59
Lorsch, Jay, 110-111

Mahajan, Vijay, 46
Mahindra, 111-113
Maker Movement (Movimento Maker), 86, 89-90
   Ver também inovação *jugaad*
Managing Across Borders (Ghoshal e Bartlett), 4, 15-16
marcas globais, 131-132
marketing, 119-121
   e mercados emergentes, 129-130

quatro Ps, 122, 123
três conceitos de valor, 122, 123
matérias-primas, 103
mentalidade global, criação dentro das empresas, 79-80
mercados emergentes, e marketing, 129-130
mercados justos, 44
metais de terras raras, 103
microconsumidores, 42
Murthy, Narayana, 155-157
música Bhangra, 7

N = 1, 31, 34
Nadella, Satya, 117, 153-154
Naipaul, V.S., 7
Nano, carro, 86
Nayar, Vineet, 160-162
Nohria, Nitin, 2, 10
nova realidade empresarial, 17-18
novas tecnologias, 40

orientando o mercado *vs.* orientado pelo mercado, 121-122
otimização, 71-72

Pascale, Richard, 1
pensadores indianos, 1-3
   futura geração, 147-154
   motivos para o aumento da influência, 3-4
   segunda geração, 141-148
Peters, Susan, 81
Piramal, Gita, 2
pirâmide
   base da pirâmide (BP), 39
   expandindo o acesso da, 37-38
   Ver também The Fortune at the Bottom of the Pyramid (Prahalad)

planejamento de sucessão, 57-58
Porter, Michael, 110-111
Prabhu, Jaideep, 87-88
Prahalad, C. K., 1, 4, 8
  acadêmicos e profissionais, 27-28
  biografia, 28
  cocriação, 30-33
  início da carreira, 29-30
  publicações, 28-29
  sobre a ascensão da Índia, 11-13
  The Fortune at the Bottom of the Pyramid, 4-5
  The Future of Competition, 5
Prahalad, Deepa, 144
Predictable Magic (Prahalad e Sawhney), 144
princípio da simplicidade, 90-92
produção têxtil, 67-69
professor residente, 74, 81-83
projeto de identidade universal (UID), 152-154
propósito, processo e filosofia de pessoas, 19
protecionismo, 102-103
Psycho-Aesthetics, 144
Puranam, Phanish, 123-124
Purohit, Sanjay, 157-159

qualidade, 61-63
  aplicação em nível nacional, 64-65
  e corrupção, 62-64
  economia da, 64-69
qualidade do processo, 61-63
quatro Ps, 122, 123

R = G, 31, 34
Radjou, Navi, 83-96
Ramdas, Kamalini, 147-148

Ravindran, Kiron, 148-154
  sobre ambiguidade, 10-11
regulamentação, 102-103, 105-106
Rekhi, Kanwal, 124
Roy, Arundhati, 7
Roy, Jamini, 119
Russell, Bertrand, 153-154

Salesforce.com, 91-92
Sambamurthy, Vallabh, 148-149
Sawhney, Ravi, 144
Scott, Lee, 107
Screwvala, Ronnie, 162-164
semiglobalização, 100-101
  Ver também globalização
Sen, Amartya, 2
sindicatos, negociação com, 29-30
Singh, Vivek, 49-52
sintetização, 6-7
Sloan, Alfred, 18
Steenkamp, Jan-Benedict, 125-126
Sundararajan, Arun, 147-149
sustentabilidade, 45-46

Tagore, Rabindranath, 119
talento, 23
Tata, Jamsetji Nusserwanji, 5
Tata, Ratan, 5
Tata Group, 5
Tata Nano, 40-41
Taylor, Frederick, 1
TechShop, 92-94
The Art of Choosing (Iyengar), 142-143
The Fortune at the Bottom of the Pyramid (Prahalad), 5, 28-29, 37-39
The Future of Competition (Prahalad e Ramaswamy), 5, 28

The Ice Cream Maker (Chowdhury), 59-60
The Individualized Corporation (Ghoshal e Bartlett), 17
The New Age of Innovation (Prahalad), 29
The Power of LEO (Chowdhury), 59-60
The Quest for Global Dominance (Gupta e Govindarajan), 110-111
The Silk Road Rediscovered (Gupta e Wang), 111-112
The World Is Flat (Friedman), 98-99
transparência, 44
três conceitos de valor, 122, 123
triângulo do diabo, 148-149
Trimble, Chris, 74

Unilever, 37, 109-110
UTV, 162-164

Vale do Silício, reprodução, 113-114
velocidade, 120

Wahhab, Iqbal, 49-51
Walmart, 107
Wang, Haiyan, 108-109, 111-112
Welch, Jack, 4, 52, 59-60, 108
World 3.0 (Ghemawat), 98-102
World One, edifício, 13

zona do Euro, 106

Agradecimentos

Agradecemos a todos os pensadores indianos mencionados neste livro e aos que foram entrevistados ao longo dos anos.

Em especial, agradecemos a Bhaskar Chakravorti, Ram Charan, Subir Chowdhury, Pankaj Ghemawat, Vijay Govindarajan, Anil K. Gupta, Nirmalya Kumar, Vineet Nayar, Navi Radjou e Kiron Ravindran.

Gostaríamos também de homenagear dois pensadores extremamente influentes, Sumantra Ghoshal e C. K. Prahalad, os quais tivemos a sorte de encontrar em diversas ocasiões. Ambos morreram quando estavam no auge de suas capacidades intelectuais. Suas ideias foram extremamente prescientes para a Índia e para diversos outros países, e causaram um impacto enorme não apenas em nossas vidas, mas também nas vidas de muitos outros.

Os autores

Professores adjuntos na IE Business School de Madrid, Stuart Crainer e Des Dearlove criam e defendem ideias de negócios. Eles são os criadores do Thinkers50 (www.thinkers50.com), o ranking mundial de líderes do pensamento dos negócios. Seu trabalho na área levou a *Management Today* a descrevê-los como "*market makers* por excelência".

Como jornalistas e analistas, Stuart e Des têm feito perguntas pertinentes há mais de duas décadas. Agora eles ajudam líderes a encontrarem suas próprias perguntas e a explorarem a melhor maneira de comunicar as respostas às pessoas. Foram consultores do relatório de 2009 do governo britânico sobre comprometimento dos funcionários e colaboradores do Management Innovation Lab, na London Business School. Seus clientes incluem Swarovski, Fujitsu, Heidrick & Struggles e o Departamento de Desenvolvimento Econômico de Abu Dhabi.

Os autores

Stuart e Des são colunistas do *Times* (Londres), editores convidados da revista norte-americana *Strategy+Business* e editaram o *best-seller Financial Times Handbook of Management*. Seus livros incluem *The Management Century*, *Gravy Training*, *The future of Leadership* e *Generation Entrepreneur*, todos disponíveis em mais de 20 idiomas.

Stuart é editor da *Business Strategy Review*. De acordo com a *Personnel Today*, ele é uma das figuras mais influentes na gestão de pessoas. Des é professor associado da Saïd Business School, da Universidade de Oxford, e é o autor de um estudo de sucesso sobre o estilo de liderança de Richard Branson.

Des e Stuart vêm ensinando alunos de MBA, professores e altos executivos em programas ao redor do mundo, os quais incluem o Oxford Strategic Leadership na Saïd Business School, da Universidade de Oxford; a Columbia Business School, em Nova York; a Tuck Business School, do Dartmouth College, em New Hampshire; o IMD em Lausanne, na Suíça; e a London Business School.

Thinkers50

O Thinkers50 – ranking mundial de pensadores da administração – examina, avalia e compartilha ideias de gestão. O Thinkers50 foi publicado pela primeira vez em 2001 e, desde então, é editado a cada dois anos.

O ranking teve como primeiro colocado em 2011 e 2013 o professor Clayton Christensen, da Harvard Business School. Os vencedores anteriores foram C. K. Prahalad (2009 e 2007), Michael Porter (2005) e Peter Drucker (2003 e 2001).

O ranking é baseado em uma votação realizada no site do Thinkers50 e nas contribuições de uma equipe de consultores liderada por Stuart Crainer e Des Dearlove. O Thinkers50 avalia os pensadores a partir de 10 critérios estabelecidos:

- Originalidade das ideias
- Viabilidade das ideias
- Estilo da apresentação
- Comunicação escrita
- Lealdade dos seguidores
- Senso empresarial
- Perspectiva internacional
- Rigor de pesquisa
- Impacto das ideias
- Poder de inspirar